L. MALVOISIN
RELIEUR
Trouville-les-Gonesse (S.-&.-O.)

LE MODÈLE

DES JEUNES GENS

DANS LA VIE ÉDIFIANTE DE CLAUDE LE PELETIER DE SOUSI,

PAR L'ABBÉ PROYART.

LIMOGES.
BARBOU FRÈRES, IMPRIMEURS-LIBRAIRES.

BIBLIOTHÈQUE
CHRÉTIENNE ET MORALE,

APPROUVÉE

PAR MONSEIGNEUR L'ÉVÊQUE DE LIMOGES.

Tout exemplaire qui ne sera pas revêtu de notre griffe sera réputé contrefait et poursuivi conformément aux lois.

LE MODÈLE

DES

JEUNES GENS.

LE MODÈLE DES JEUNES GENS.

Il la consola en lui donnant avec joie les six écus dont elle avait besoin.

LE MODÈLE
DES
JEUNES GENS,
DANS LA VIE ÉDIFIANTE
DE
CLAUDE LE PELETIER DE SOUSI,

Étudiant en philosophie en l'Université de Paris,

PAR L'ABBÉ PROYART.

Nouvelle Édition,

AUGMENTÉE D'UN PRÉCIS DE LA VIE DE MAURICE
LE PELETIER.

A LIMOGES,

CHEZ BARBOU FRÈRES, IMPRIMEURS-LIBRAIRES.

1846.

LE MODÈLE

DES JEUNES GENS.

Dieu, qui appelle tous les hommes au terme du salut, prépare à tous les âges les moyens nécessaires pour y parvenir, et l'un des plus puissans qu'il nous offre, après les grâces du premier ordre, ce sont les modèles de vertu que nous avons continuellement sous les yeux. L'enfance et la jeunesse ont les leurs comme l'âge mûr et la vieillesse. Il n'est aucune société, aucune maison d'éducation, et presque aucune famille où Dieu n'ait ses serviteurs et ses élus. Aussi, lorsque le Sauveur du monde entrera en jugement avec les hommes, il lui suffira, pour justifier sa conduite et confondre les chrétiens qui se seront perdus, de leur montrer, dans la splendeur des Saints, des sujets qui, dans les mêmes circonstances, et dans de moins favorables peut-être, auront constamment pratiqué les devoirs de la vie chrétienne, fidèles aux mêmes grâces que les pécheurs auront négligées, ou dont ils auront abusé.

Dieu, essentiellement bon, et qui ne punit qu'à regret, fait plus encore en faveur de ceux qu'il voit s'égarer ; et, comme il a toute l'éternité pour faire régner sur eux sa justice, il use de patience, et leur prodigue, pour ainsi dire, ses miséricordes ici-bas. Ainsi, outre les bons exemples multipliés par lesquels il ne cesse de rappeler à lui ces enfans ingrats qui le fuient, sa providence paternelle suscite encore de temps en temps certains sujets privilégiés dont la vertu jette un plus brillant éclat, et doit, en fixant plus sûrement leurs regards, les porter à faire de plus sérieux retours sur le contraste de leur conduite avec celle des Saints.

Ce n'est pas, sans doute, que cette source de miséricorde ne coule qu'en faveur du pécheur, qui souveut en abuse : si Dieu, par des exemples touchans, appelle celui-ci à la pénitence, il appelle aussi, par la même voie, le juste à une plus grande justice; et cette rare vertu, que nous allons proposer pour modèle à tous les jeunes gens, doit provoquer spécialement l'émulation des plus vertueux, et les confirmer dans la piété.

C'est donc aux justes comme à ceux qui auraient le malheur d'être dans l'égarement, c'est à tous les jeunes gens que nous offrons l'exemple du vertueux Sousi. Nous l'offrons à ceux qui s'appliquent comme lui à l'étude des sciences; nous l'offrons à ceux qui fréquentent nos colléges, et sont élevés dans nos maisons d'éducation, et particulièrement encore aux jeunes étudians qui habitent les séminaires et les communautés ecclésiastiques, par la raison qu'ils sont appelés à un plus haut degré de perfection que le commun des jeunes gens, s'il est vrai qu'ils soient appelés à la dignité sacerdotale.

Aussi est-ce avec une confiance qui tient de la certitude que je me sens porté à croire que cette classe de jeunes gens d'élite se sentira plus touchée que les autres des exemples que nous allons lui mettre sous les yeux, et plus disposée à faire les efforts nécessaires pour les retracer dans sa con-

duite. Et, en effet, serait-ce présomption de notre part d'espérer que des ecclésiastiques s'efforceront d'imiter les vertus d'un jeune laïque? serait-ce un sentiment indiscret que celui qui nous ferait souhaiter et demander à Dieu que des jeunes gens rassemblés sous les auspices de la religion, à l'ombre du sanctuaire, et loin des scandales du siècle, écoutassent et missent en pratique les leçons de sagesse que leur fait un jeune homme du milieu du monde et du plus grand monde? Oui, nous aimons à croire, mon cher lecteur, qu'en lisant ce petit ouvrage, vous ferez un raisonnement semblable à celui par lequel s'encourageait Augustin, flottant encore dans ses irrésolutions : « Voilà, disait-il, que
» des ignorans et des femmes ravissent le royaume
» des Cieux, et toi, avec tout ton savoir et ton es-
» prit, à quoi penses-tu? et n'auras-tu jamais le
» courage d'imiter en vertu ceux que tu surpasses
» en talens? » Vous vous direz aussi à vous-même:
« Voilà qu'un jeune homme s'est sanctifié dans le
» monde, ne pourrai-je donc pas me sanctifier dans
» une maison consacrée à la piété? Il s'est sanctifié
» dans la condition des simples fidèles, n'aurais-je
» pas le courage de le faire dans la cléricature et
» les saints ordres? il s'est sanctifié parmi les dan-
» gers de la fortune et des honneurs, ne pourrai-je
» pas me sanctifier moi-même dans une condition

» moins exposée à ces écueils? Il avait consommé
» l'ouvrage de sa perfection dès l'âge de dix-sept
» ans, n'aurai-je pas le courage de le commencer
» du moins, et d'y travailler sérieusement à cet âge,
» auquel je touche, et que j'ai atteint peut-être? »

Je ne puis me dissimuler ici que j'ai un grand avantage en destinant particulièrement cet ouvrage aux jeunes gens dont l'éducation a été le mieux soignée : c'est que par-là j'aurai pour lecteurs, non des enfans grossiers et ignorans, mais une classe de sujets déjà instruits, dont le grand nombre même sera doué d'heureuses inclinations, et surtout d'un bon esprit. Le bon esprit sent vivement, et cette vivacité de sentiment lui donne de la constance dans la résolution et de l'énergie dans l'action. Le bon esprit n'est pas nécessairement l'esprit le plus délié, c'est le plus juste et le plus sage. Un jeune homme bon esprit, constant dans les vrais principes, en tire toujours les mêmes conséquences pratiques. Ce qui lui a paru une fois vrai le lui paraîtra toujours. C'est avec maturité qu'il a comparé le temps avec l'éternité : il fait ce qu'il lui est permis de faire pour l'un, et ce qu'il est nécessaire qu'il fasse pour l'autre. Aussi, si on le voit rechercher la science, ce ne sera point celle qui enfle ; s'il veut établir son bonheur, ce ne sera point sur la terre ; s'il craint, dans sa conduite, de déplaire à quelqu'un, ce ne sera point à des jeunes gens frivoles et vicieux, mais au seul grand Dieu qui doit juger les vices et les vertus. Or je dis que celui qui sait déjà juger si saintement des choses jugera aussi, avec le grand évêque d'Amiens, que, lorsque Dieu, dans sa miséricorde, nous montre des Saints dans notre état, ce n'est pas pour que nous en fassions l'objet d'une stérile admiration, mais afin que nous nous appliquions à les imiter comme nos modèles.

Une chose qui me paraît devoir exciter un véritable intérêt dans ce petit ouvrage, c'est que le jeune homme qui en est le héros peindra souvent lui-même ses sentimens et ses vertus dans ses propres écrits, en ouvrant son cœur à des amis fidèles et dignes de sa confiance, et que ceux-ci, de leur côté, raconteront également avec candeur ce qu'ils ont ouï dire et vu faire à leur vertueux ami. Les mémoires sur lesquels j'ai travaillé étaient conservés avec soin dans la bibliothèque du grand séminaire de Saint-Sulpice, et les supérieurs de cette maison s'en servaient utilement pour l'édification des jeunes ecclésiastiques confiés à leurs soins. Dans le désir de procurer le même avantage à toute la jeunesse du royaume, M. l'abbé Eméri, supérieur-général de la Congrégation, m'a communiqué ces pièces, et proposé de les rédiger. Je l'ai fait avec plaisir, et de manière que tous ceux qui ont lu les mémoires manuscrits les retrouveront tout entiers dans l'imprimé.

Quelqu'un pourra peut-être regretter qu'une vie si belle et si touchante n'ait pas été plus tôt connue; mais sans doute que la Providence, attentive à nous dispenser ses bienfaits suivant nos besoins, a voulu réserver aux jeunes gens un grand modèle de vertu pour l'époque où ils se trouveraient environnés de plus grands scandales. Notre jeunesse actuelle n'en doit donc que mieux sentir la faveur spéciale de cette providence paternelle, et elle l'en remerciera par plus d'empressement et de fidélité à en profiter. Nous apprenons, par l'histoire, que les corps précieux des martyrs, après être restés quelque temps cachés dans le sein de la terre, étaient ensuite solennellement exhumés parmi les acclamations des fidèles, témoins des prodiges qui s'opéraient dans ces cérémonies religieuses ; ainsi espérons-nous de la divine miséricorde que la vie édifiante que nous allons mettre au jour ne sera restée jusqu'à présent dans une sorte d'oubli que pour en être tirée avec une plus grande effusion de grâces sur ceux qui auront l'avantage d'en entendre le récit.

CLAUDE LE PELETIER DE SOUSI naquit à Paris sous le règne de Louis-le-Grand, ce règne si fécond en prodiges de tous les genres. Il était le plus jeune des fils de Claude Le Peletier, contrôleur-général des finances. On l'appelait *Sousi*, du nom d'un fief de sa maison, et c'est le nom que nous lui donnerons dans la suite de cette histoire. Son père était un homme d'un profond savoir et d'une probité incorruptible. Prévôt des marchands de Paris, il immortalisa sa magistrature par la construction du quai qui porte son nom : président à mortier, conseiller d'Etat, successeur du grand Colbert dans le maniement des finances, il sut, dans ces différens emplois, et même dans le dernier, réunir l'estime du prince et le suffrage des peuples. Il était étroitement lié avec tous les hommes de son temps, si justement célèbres dans la magistrature et dans les lettres. A la cour, ses amis étaient le cardinal d'Estrée, Bossuet, et surtout les personnes chargées de l'éducation du duc de Beauvillers, Fénélon, le pieux et savant abbé de Vittement (1).

---

(1) L'abbé Vittement, de la ville de Dormans en Champagne, honora sa patrie par un grand savoir, joint à une éminente vertu. Il était professeur de philosophie, et recteur de l'université de Paris, lorsque Louis XIV, de son propre mouvement, le nomma sous-précepteur des enfans de France. Le duc d'Anjou, son élève, devenu roi d'Espagne en 1700, l'emmena avec lui, et lui offrit l'archevêché de Burgos, qu'il refusa ; de retour en France, et nommé sous-précepteur de Louis XV, le duc d'Orléans ne put jamais l'engager à accepter ni abbaye, ni bénéfice, ni une place à l'Académie française. L'abbé Vittement joignait à ce rare désintéressement toute la modestie du vrai mérite.

A toutes les qualités qui constituent le bon patriote et l'homme d'Etat, Claude Le Peletier joignait les vertus qui font le bon chrétien. Ce grand homme mettait la religion à la tête de tous les devoirs, et, dans le temps même qu'il était chargé du poids des affaires publiques, il ne laissait passer aucun jour sans rassembler sa famille et ses domestiques pour faire avec eux la prière en commun.

Claude Le Peletier eut quatre fils : l'aîné, Louis, fut président à mortier, et, comme son père, un magistrat religieux et éclairé ; le second, Michel ; d'abord abbé de Joui au diocèse de Sens, ensuite évêque d'Angers, fut un savant et vertueux prélat ; le troisième, Maurice, dont nous aurons souvent occasion de parler dans la suite, refusa l'épiscopat pour se dévouer à l'éducation du jeune clergé dans la congrégation de Saint-Sulpice ; enfin le plus jeune des quatre fut Claude Le Peletier de Sousi, dont nous écrivons la vie.

Les enfans d'un père si vertueux et si sage ne pouvaient manquer de recevoir la meilleure éducation. M. Le Peletier leur donna pour précepteur un sujet de mérite, l'abbé Léger, que son élève, devenu évêque d'Angers, s'attacha depuis comme un homme d'un excellent conseil. Des quatre frères, les deux aînés allaient au collége, et les deux plus jeunes, Maurice et Sousi, restaient à la maison. Ils ne fréquentèrent l'université que dans les hautes classes. Le précepteur avait toute autorité sur ses élèves, le père ne s'étant réservé que le droit de juger de temps en temps de leurs progrès dans l'étude des langues. Personne n'était plus en état de le faire que ce savant magistrat, qui lisait Démosthène comme Cicéron, et qui se délassait de ses travaux publics en adressant à ses amis de charmantes descriptions latines de la campagne qu'il faisait cultiver et embellir.

Le précepteur, si bien secondé par le père, fit tout ce qu'il voulut de ses élèves. Le plus difficile à conduire était Maurice, caractère vif et bouillant, à qui l'application coûtait beaucoup; mais que le bon exemple d'un frère plus jeune que lui fixa enfin dans le bien. Sousi, docile à toutes les leçons qu'il recevait, le fut surtout à celle de la vertu. Il l'aima dès qu'on la lui eut montrée, et s'y livra tout entier dès qu'il fut en âge d'en sentir les avantages et d'apprécier le bonheur de ceux qui la pratiquent : il paraît, comme nous allons le voir, que ce fut particulièrement vers sa treizième année, époque à laquelle il fit sa première communion. C'est alors qu'on vit en lui l'enfant le plus aimable sous tous les rapports.

Nous ne prétendons pas, sans doute, lui faire un mérite des dons vulgaires de la nature, et des grâces du corps, trop souvent funestes à ceux qui les possèdent, par l'abus qu'ils en font; mais il nous sera du moins permis de les indiquer dans celui qui sut en faire si constamment hommage au Créateur. La vertu, qui se montre souvent dans les traits les plus communs, semblait avoir pris plaisir à se choisir un temple digne d'elle dans la personne du jeune Sousi. Son extérieur était des plus intéressans. La douceur et la modestie respiraient sur son visage; on croyait lire dans ses yeux la candeur de son âme : tout en lui, jusqu'à ses cheveux, d'une beauté remarquable, concourait à relever les grâces ingénues de sa figure, qui ne le cédaient qu'à celles de son esprit. C'est le témoignage que lui rend un homme qui l'a particulièrement connu (1), et qui l'appelle, dans un écrit latin, « *elegantis formæ et cultissimi ingenii*
» *adolescens*, jeune homme qui réunissait les agré-
» mens de la beauté aux connaissances de l'esprit les
» plus étendues. »

---

(1) Boivin, histoire de Claude Le Peletier, in-4.

Un sujet de si grande espérance dans tous les genres méritait surtout de rencontrer un homme capable de cultiver les précieux germes de piété qui se manifestaient en lui : la Providence prit elle-même un soin spécial de son ouvrage, en inspirant au père de Sousi de donner à son fils, pour directeur de sa conscience, l'homme le plus digne d'un pareil emploi : c'était le supérieur du grand séminaire de Saint-Nicolas, M. Polot, qui jouissait, dans l'Université comme dans sa congrégation, d'une estime méritée par son savoir et sa piété. Le jeune homme, sous sa conduite, fit bientôt les plus grands progrès dans les voies du salut. Ses heureuses inclinations, en se développant, devinrent des vertus qui furent sagement dirigées d'abord, et aussi sagement modérées dans la suite.

La perspective de sa première communion fit faire à Sousi des réflexions plus sérieuses que toutes celles qu'il avait encore faites, et il prit alors des résolutions dignes de la grandeur de l'action à laquelle il aspirait, et qui paraissaient d'une sagesse supérieure à son âge. Il lui sembla qu'il n'avait pas vécu tout le temps qu'il avait passé dans l'ignorance, ou dans la pratique imparfaite des devoirs du chrétien. Il ne se souvenait des jours de son enfance que pour demander au Seigneur qu'il les oubliât. Tout pénétré de reconnaissance et d'amour pour le Dieu qui se faisait sentir à son cœur, il ne voyait, dans ses actions et dans sa conduite passées, que des taches et des offenses dignes de tous ses regrets. Les vives lumières que l'Esprit saint lui donnait lui faisaient même regarder comme un grand mal les plus petites fautes, celles que l'on excuse si facilement dans le jeune âge. Nous allons voir qu'il se reprochait par-dessus tout d'avoir eu de la vanité, des distractions dans ses prières, et de l'attachement à ses sentimens. Ce sont les défauts dont il se proposait spécialement de se corriger, et qui firent la matière la plus considérable de sa confession générale. Il envisagea toujours sa première communion comme la base et, pour ainsi dire, la pierre fondamentale de son salut, persuadé que, s'il avait le bonheur de la bien faire, il aurait encore celui de persévérer dans le bien. Il ne se trompa point : le juste n'est jamais frustré dans son espérance.

Sa préparation prochaine à cette grande action répondit aux beaux sentimens qui l'animaient, et les fruits abondans qu'il en recueillit aussitôt sont la meilleure preuve que nous puissions donner des saintes dispositions qu'il y avait apportées. Lorsque l'humble jeune homme parlait à ses amis du temps qui avait précédé, et de celui qui avait suivi sa première communion, il disait : *Avant ou depuis ma conversion*; et l'on peut bien dire, en effet, que sa première communion fut pour lui l'époque d'une conversion, sinon du vice à la vertu, du moins des vertus encore-faibles de l'enfance à la plus solide piété.

Dès que Sousi eut eu le bonheur de s'unir à Dieu par la communion, il ne s'occupa plus que des moyens de lui rester à jamais uni par la grâce; et le Ciel bénit si complètement les saints désirs de son cœur que, depuis le jour de cette précieuse union avec son Dieu jusqu'à celui de sa mort, il ne paraît pas qu'il se soit rendu coupable envers lui de la plus légère faute délibérée. Toute sa conduite, exposée aux regards de sa famille et de ses condisciples, ne leur offrit, depuis ce moment, qu'un enchaînement continuel d'actions louables et de vertus édifiantes. Nous commencerons par rapporter les résolutions que l'esprit de Dieu lui suggéra dans cette circonstance, et qui firent la règle invariable de sa conduite. La pièce qui les renferme, après la mort de Sousi, tomba entre les mains d'un de ses amis, *l'abbé de Flamanville*, que nous ferons bientôt connaître, et c'est par lui qu'elle est parvenue au séminaire de Saint-Sulpice.

Je prie le lecteur de se rappeler, en la lisant, qu'elle est le résultat des réflexions d'un enfant de treize ans.

II

Résolutions prises par Sousi, et écrites de sa main, après sa première communion.

« Ayant, par la grâce de Dieu, fait une confession générale de tous les péchés que j'ai commis depuis que je suis au monde, et lui en ayant demandé pardon le mieux qu'il m'a été possible, bien imparfaitement néanmoins, je fais la résolution de me renouveler entièrement, en me dépouillant du vieil homme ; et pour cela :

» 1° Je travaillerai avec beaucoup plus de soin que je n'ai fait jusqu'à présent à la grande affaire de mon salut éternel, songeant très-souvent à la mort, aux jugemens de Dieu, au paradis et à l'enfer.

» 2° Je purifierai mon âme, le mieux que je pourrai, de tous les péchés auxquels je me sens le plus enclin, et que je commets le plus souvent, tels que sont la vanité, les distractions dans mes prières et l'attachement à ma propre volonté. J'aurai de bas sentimens de moi-même, et je m'appliquerai souvent à considérer mes misères et les péchés dans lesquels je suis tombé, pour tâcher d'entretenir en moi la pénitence intérieure. Je considèrerai aussi que, si la miséricorde de Dieu ne m'eût pas préservé, j'aurais pu tomber dans les péchés dans lesquels sont tombés tant d'autres, qui ne méritaient pas autant que moi ce malheur.

» 3° Dans mes prières, je songerai que les Anges et toutes les Puissances du Ciel tremblent devant celui que je prie. Je me rappellerai qu'il est présent, qu'il m'écoute, qu'il connaît mes pensées, et qu'il me demandera compte un jour de toutes celles que j'aurai eues pendant mes prières.

» 4° Je préfèrerai toujours l'avis de mes supérieurs

au mien ; je tâcherai de faire en sorte que toute ma volonté soit d'exécuter la leur, parce qu'ils savent mieux ce qui m'est utile que moi-même. Je l'exécuterai comme la volonté de Dieu, et je m'animerai à remplir ce devoir par l'exemple de Jésus-Christ, qui a été obéissant jusqu'à la mort, et qui a toujours fait la volonté de son Père et non la sienne. Toutes les fois que je tomberai dans le défaut contraire à cette résolution, je donnerai une aumône aux pauvres.

» 5° Je ne parlerai pas sans nécessité dans les compagnies, me tenant, le plus qu'il me sera possible, en la présence de Dieu, et m'entretenant de quelques bonnes pensées, particulièrement de la mort, du jugement et de l'éternité.

» 6° Je marquerai de la satisfaction quand on me reprendra de mes défauts, jamais quand on me louera. Si on me blâme, si on interprète mes actions en mal, je ne m'excuserai point. Si les reproches qu'on me fait sont fondés, je tâcherai de me corriger ; s'ils ne le sont pas, j'offrirai cette contradiction à notre Seigneur, qui a souffert tant d'injures, tant de calomnies et de reproches, sans jamais rien dire, quoiqu'il fût l'innocence même. Ce sera envers tout le monde que je pratiquerai la douceur et la civilité.

» 7° En classe, je ne parlerai pas sans nécessité, et j'y serai le plus attentif qu'il me sera possible.

» 8° Pendant la journée, j'élèverai souvent mon cœur à Dieu, et j'implorerai la protection de la très-sainte Vierge.

» 9° Je m'occuperai souvent du bonheur du paradis, et je me rappellerai, dans la journée, des lectures que j'aurai faites le matin et à midi.

» 10° Je tâcherai de m'exciter de plus en plus à l'amour de Dieu, en vue de ce que mérite sa divine Majesté, et aussi en vue de sa bonté et de sa miséricorde envers moi.

» 11° Je tâcherai d'être uni à lui, de communiquer et de converser avec lui le plus souvent qu'il me sera possible, songeant qu'il a eu la bonté d'unir son sacré Corps au mien, qu'il veille sans cesse sur moi, qu'il pense toujours à moi.

» 12° Je travaillerai à me rendre parfait et à gagner sur moi de me corriger de mes défauts. Je me donnerai de tout mon cœur et de toute mon âme au Dieu qui a eu la bonté de se donner à moi tout entier dans la communion, quoique je le méritasse si peu.

» 13º Je m'exciterai à désirer ardemment la mort, afin d'être uni plus parfaitement à Dieu, et pour ne plus l'offenser. Je porterai tous mes désirs vers le Ciel, songeant que je ne suis fait que pour les choses de Dieu, et non pour celles de la terre, pour l'autre monde, et non pour celui-ci.

» 14º Je m'acquitterai exactement de mes exercices de piété, sans en omettre aucun.

» 15º Je tâcherai de réciter la prière du Chapelet avec plus de dévotion que je n'ai fait, et je m'exciterai de plus en plus à la confiance en la sainte Vierge, la regardant comme ma bonne mère, et ma plus puissante protectrice auprès de Dieu.

» 16º Comme je ne saurais m'acquitter de toutes ces résolutions si je n'arrange bien ma journée, je me lèverai le plus matin qu'il me sera possible, et je tâcherai que ce soit à une heure réglée.

» 17º Je donnerai ma première pensée à Dieu en l'adorant de tout mon cœur, et ma première action en faisant le signe de la croix. Dès que je serai levé, sans perdre de temps, j'entrerai dans mon cabinet comme pour aller faire avec Dieu le dernier compte de ma vie. Je prendrai de l'eau bénite, je me mettrai à genoux et ferai ma prière, ma lecture, et ensuite quelques réflexions.

» Je songerai, par exemple, que le jour présent sera peut-être le dernier de ma vie ; que Dieu me l'a donné pour m'occuper de mon éternité, et que, par conséquent, je dois l'employer de mon mieux. Je me représenterai combien je serais aise de l'avoir bien employé, et fâché de l'avoir perdu, si, en effet, il était, comme il peut l'être, le dernier jour de ma vie. Après cela, je ferai, en la présence de Dieu, la résolution de m'acquitter des exercices de cette journée avec toute la ferveur que je pourrais avoir si c'étaient les derniers que je dusse faire, et je tiendrai fidèlement la main à cette pratique.

» Je prévoirai les occasions que je pourrais avoir d'offenser Dieu dans la journée ; les ayant reconnues, je ferai des résolutions, et je prendrai des moyens pour ne pas y succomber.

» Je penserai que je serais bien malheureux si je tombais ce jour-là dans le péché, et je me dirai à moi-même que je pourrais cependant tomber dans les plus énormes, et que peut-être même Satan cherche à me perdre, et en demande à Dieu la permission. C'est pourquoi j'entrerai dans une grande défiance de moi-même, et je prierai Dieu de me conserver sans l'offenser. Je me mettrai sous la protection de la sainte Vierge, de saint Joseph et de mon bon Ange, auxquels j'aurai soin de rendre de temps en temps mes devoirs. Après cela, j'offrirai à Dieu mon travail, et je m'en occuperai en restant dans mon cabinet.

« 18º Je m'appliquerai à mes études en vue de plaire à Dieu, qui veut que je m'occupe ainsi; et, pendant mon travail, comme dans le reste de la journée, j'élèverai de temps en temps mon cœur vers lui.

» 19º J'emploierai le temps le mieux qu'il me sera possible, en songeant que la vie est bien courte, et que nous n'avons aucun moment à perdre, puisqu'il n'y en a aucun dans lequel nous ne puissions mériter l'éternité. Si Dieu accordait à un damné la minute du temps que nous perdons, comment ne l'emploierait-il pas ? J'approfondirai cette pensée.

» 20º Après être revenu de la Messe, que j'entendrai avec le plus de ferveur et de dévotion qu'il me sera possible, je rentrerai dans mon cabinet. Je ferai mon examen particulier à genoux, après quoi je lirai un chapitre du Nouveau Testament, dont je tâcherai de retenir quelque chose pour m'en occuper dans la journée, et pour le mettre en pratique quand l'occasion s'en présentera.

» 21° Je tâcherai, en mortifiant en tout ma volonté, de mortifier aussi mes sens, les yeux, les oreilles, la langue, le goût et l'odorat.

» 22° Le soir après mon étude, et sur les sept heures, j'achèverai de réciter ce qui me restera de l'office de la sainte Vierge ; je ferai ensuite ma lecture, et, s'il me reste encore du temps avant le souper, je me remettrai à l'étude après l'avoir offerte à Dieu par une courte prière.

» 23° En revenant de la prière du soir, je passerai dans mon cabinet, je me mettrai à genoux, je remercierai Dieu de m'avoir conservé pendant cette journée ; je lui demanderai pardon si j'ai eu le malheur de l'offenser ; je ferai la résolution de me confesser de cette offense au plus tôt, et de ne plus y retomber, avec le secours de sa sainte grâce. Ensuite je me mettrai, comme le matin, sous la protection de la sainte Vierge, de saint Joseph, de mon Ange gardien, de mon Patron et de saint Bernard, en les priant de m'assister.

» 24° J'irai me coucher en gardant le silence. Quand je serai au lit, je donnerai ma dernière pensée à Dieu en l'adorant, et ma dernière action en lui offrant mon cœur et en faisant le signe de la croix. Je m'endormirai sur la pensée que peut-être je ne me réveillerai point, et je tâcherai que cette considération fasse impression sur mon esprit.

» 25° Je relirai ces résolutions tous les Dimanches, et je renouvellerai, devant Dieu et la sainte Vierge, le propos de les exécuter fidèlement. Toutes les fois que j'y manquerai en quelque point, je donnerai une aumône aux pauvres, ou je m'imposerai quelque autre pénitence, que j'accomplirai exactement. »

Nous ne voyons pas que Sousi, dans ses résolutions, se soit tracé aucune règle pour ses confessions et ses communions, parce que, sans doute, il ne croyait pas pouvoir en suivre de plus sage que celle que lui prescrivait son confesseur, dont tous les conseils étaient pour lui des ordres, et auquel il a toujours obéi comme à Dieu même. Mais nous aurons occasion d'observer que ses confessions et communions étaient très-fréquentes, et ses communions plus fréquentes encore que ses confessions; ce qu'un directeur éclairé ne permet à un jeune homme que sur une grande confiance en sa vertu, et surtout en son humilité.

III

Le règlement de vie que nous venons de lire annonce, dans son pieux auteur, outre un discernement précoce, et toute la maturité du jugement, un ardent désir de sa sanctification; mais c'est à la manière dont il l'observa que nous reconnaîtrons l'esprit qui le lui avait dicté. Ce règlement ne fut point l'effet d'une ferveur de circonstance, qui s'affaiblit presque toujours, et s'éteint quelquefois entièrement par l'absence des secours extérieurs qui l'ont produit. Il y a sans doute bien peu de jeunes gens instruits et élevés chrétiennement qui, à l'époque d'une première communion, pendant les exercices d'une retraite, à la veille de faire le choix d'un état de vie, ne se sentent touchés de quelques désirs de leur salut, et ne réfléchissent sur les moyens d'assurer cette importante affaire. Il n'est pas même rare d'en voir qui se tracent alors, comme Sousi, des règles de conduite pleines de sagesse; mais une triste expérience nous apprend qu'il n'y en a qu'un bien petit nombre qui soient aussi fidèles à les suivre que le fut ce vertueux jeune homme. La raison de cette différence, c'est que la plupart des jeunes gens n'envisagent les vérités de la religion, dans ces circonstances remarquables de leur vie, qu'à la faveur d'une lumière empruntée, laquelle, après les avoir frappés un instant de tout son éclat, les laisse bientôt dans leurs anciennes ténèbres à mesure qu'elle s'éloigne d'eux; Sousi, au contraire, trouvait sa force et sa lumière dans son propre fonds. Sa piété avait sa source dans une foi vive et éclairée; elle savait s'aider des secours extraordinaires de la religion, mais elle n'en dépendait point, et c'est pour cela que nous ne la verrons pas sujette à ces tristes vicissitudes de ferveur et de relâchement qui, trop souvent, se terminent, dans les jeunes gens, à un état mortel d'indifférence pour le salut.

Sousi, au temps où il fit sa première communion, habitait la maison paternelle, et n'avait pas, comme la plupart des jeunes gens élevés dans les écoles publiques, l'avantage des leçons multipliées de la vertu, et l'avantage plus précieux encore peut-être des exemples édifians et des modèles propres à encourager au bien ; mais sa foi et son grand amour pour Dieu suppléèrent à tout. La nécessité bien sentie d'être vertueux dans tous les lieux, comme dans tous les âges, lui fit trouver les moyens de l'être dans sa jeunesse, et au milieu du monde. Dieu, d'ailleurs, qui ménage tout pour le salut des ames généreuses et fidèles à ses grâces, fut lui-même la lumière et le soutien de celui qui le cherchait dans la droiture de son cœur. Sa providence lui offrit, peu de temps après qu'il eut fait sa première communion, un moyen pour s'affermir dans ses bonnes dispositions, dont il sut tirer un merveilleux avantage. Son frère, Michel Le Peletier, fut nommé à l'abbaye de Joui, et alla résider dans son bénéfice. L'abbé de Joui, pendant le temps des vacances, attira auprès de lui ses deux frères Maurice et Sousi, avec un de ses amis, qu'il avait connu au séminaire de Saint-Sulpice, l'abbé de Flamanville.

Cet abbé de Flamanville, d'une maison distinguée de la Normandie, était un sujet de marque pour les talens, et un modèle de régularité dans le séminaire qu'il habitait encore. Il nourrissait alors le désir secret d'aller annoncer l'Evangile aux infidèles dans les Missions étrangères, il en avait formé la résolution. Mais, la Providence ayant mis obstacle à son départ, il fut fait évêque de Perpignan, et il porta toute l'ardeur de son zèle dans l'épiscopat. Ce fut lui qui trouva dans une campagne cette pauvre jardinière qui exprimait à Dieu les affections de son cœur par la prière si connue que l'on appelle *le* PATER *de la jardinière.*

L'abbé de Flamanville, ami de l'abbé de Joui, ne fut pas long-temps sans apprécier le plus jeune de ses frères, et chercher à s'unir d'amitié avec lui. Il admirait la rare piété d'un enfant et d'un laïque, et Sousi, de son côté, s'applaudissait d'avoir trouvé, dans un ecclésiastique, déjà initié aux saints Ordres, et rempli de l'esprit de son état, un guide éclairé dans les voies de la perfection chrétienne, à laquelle il aspirait. Ils s'aimaient avec une tendresse de frères : je voyais même, par leurs lettres, qu'ils s'en donnaient le nom. C'est à l'abbé de Flamanville que nous devons la plus grande partie des détails qui concernent la vie de son vertueux ami.

Cette précieuse connaissance ne fut pas le seul avantage que retira Sousi de son premier voyage à l'abbaye de Joui. Une grande régularité régnait dans cette maison. La retraite, le silence, le travail, les prières et les offices publics, tout édifiait ce jeune homme, le charmait dans cette solitude. Ainsi, quoi qu'il eût fait pour Dieu jusqu'alors, il lui sembla qu'il n'avait pas encore commencé à travailler à sa sanctification, lorsqu'il eut été témoin de la conduite que menaient les meilleurs religieux de cette maison ; car ses yeux n'étaient ouverts que sur les plus parfaits. C'étaient ceux-là qu'il s'efforçait d'imiter ; et le novice le plus fervent ne l'était pas plus que lui.

Les supérieurs du monastère, frappés de tant de vertu dans un âge si tendre, admiraient Sousi, et se félicitaient du séjour qu'il faisait auprès d'eux. Bientôt ils lui laissèrent toute liberté dans le couvent, et le pieux jeune homme en profita pour s'édifier, en suivant les religieux dans tous leurs exercices. Ayant su qu'à certains jours de la semaine ils s'assemblaient pour s'accuser publiquement des fautes qu'ils avaient commises contre leurs observances, et en demander la pénitence à leur supérieur, il imagina qu'un bon moyen pour soutenir sa fidélité aux résolutions qu'il avait prises après sa première communion, ce serait de se soumettre, comme ces religieux, à l'accusation publique de ses négligences et de ses fautes. Dans ce dessein, il s'introduisit un jour dans le lieu où la communauté était assemblée pour cette pratique de pénitence; et, après que les autres se furent accusés, il alla lui-même se prosterner aux pieds du supérieur, et lui faire l'aveu de ses fautes. Cet acte d'humilité frappa tous ceux qui en furent témoins pour la première fois, et en toucha plusieurs jusqu'aux larmes. Sousi continua de le pratiquer le reste de ses vacances, et depuis encore dans les voyages qu'il fit à l'abbaye de Joui. L'abbé de Flamanville et l'abbé de Joui étaient édifiés de cette conduite; mais Maurice, qu'on appelait ironiquement *M. le Prieur*, jeune étourdi, sans réflexion, appréciait peu dans son frère ces traits héroïques de vertu, qui ne lui paraissaient que des singularités dont il plaisantait quelquefois, quoique avec retenue, parce qu'il avait un fort bon cœur.

Sousi, de son côté, entendait la plaisanterie, et ne savait pas plus s'en offenser quand elle s'adressait à lui que lui obéir lorsqu'elle tendait à le détourner du bien. Inébranlable dans ses principes, il se montra toujours supérieur aux faiblesses du respect humain; et où commençait le devoir envers Dieu, là finissait sa complaisance pour les hommes. Quoiqu'il comprît mieux que personne que la piété ne consiste point dans les pratiques extérieures, qui n'en sont que les signes et les fruits, il s'empressait néanmoins, à l'exemple des Saints, de s'environner de ces secours, et de défendre, pour ainsi dire, sa vertu par ces soutiens respectables que nous offre la religion.

Outre les prières vocales qu'il récitait, il faisait tous les jours au moins une demi-heure de réflexions sur la loi de Dieu et sur les devoirs qu'il avait à remplir, un quart d'heure le matin et autant dans l'après-midi. Comme son ami, l'abbé de Flamanville, habitait un séminaire, il lui dit un jour que, n'ayant pas l'avantage d'être exercé comme lui dans l'oraison, il désirerait qu'il voulût lui donner quelques instructions sur cette méthode de converser avec Dieu. « En me demandant des leçons, dit cet ami, il m'en donnait lui-même qui me couvraient de confusion, lorsque je pensais qu'un enfant de seize ans me parlait des choses de Dieu beaucoup mieux que je n'aurais pu le faire moi-même, qui étais déjà dans les saints Ordres. »

Les plus doux momens de la journée pour Sousi étaient ceux qu'il lui était permis de passer aux pieds des autels. Il aimait surtout à fréquenter les églises où les cérémonies se faisaient religieusement et avec dignité. Je lis dans une lettre qu'il écrivait à un ami : « Je partage le contentement que vous éprouvez dans l'endroit où vous êtes, et je suis ravi de la manière dont vous me dites que l'office s'y fait ; car c'est une des choses qui excitent le plus à la piété que d'entendre chanter posément et dévotement les louanges du Seigneur. »

Tout le temps que Sousi passait à l'abbaye de Joui, soit pendant ses vacances, ou d'autres petits voyages qu'il y faisait dans le courant de l'année, il assistait à tous les offices de la communauté, et sa seule présence au chœur tait une leçon d'édification pour ceux qui l'y voyaient. Une des permissions qu'il demandait le plus souvent à son précepteur lorsqu'il habitait Paris, c'était d'aller passer dans les églises une partie du temps dont il pouvait disposer après avoir rempli ses devoirs d'étudiant. Si, en allant à la promenade, il rencontrait une église sur son chemin, la pensée qui lui venait aussitôt que Dieu était présent ne lui permettait pas de passer sans y entrer. Il saluait le Saint-Sacrement, en offrant à Dieu toutes les affections de son cœur, et, dans la minute, il se retrouvait auprès de son précepteur et de ses frères. Il avouait à ses amis qu'il préférait les jours de congé aux autres, par la raison que, ces jours-là, il avait plus de temps à donner à la prière et à ses exercices de piété.

IV

Après qu'il eut achevé son cours d'humanités, il entra au collége de Reims pour y faire sa philosophie, et son précepteur l'y accompagna, moins sans doute par le besoin qu'il avait d'être surveillé que parce qu'il est d'usage que les enfans des grands aient quelqu'un auprès d'eux tout le temps de leurs études. Mais Sousi, incapable d'abuser de sa liberté, en eut alors le plus libre exercice. Il sortait très-rarement du collége, et ne connaissait, dans le quartier de l'Université, que les églises et le séminaire de Saint-Sulpice, où demeurait son ami Flamanville.

S'il savait qu'on solennisât quelque fête particulière dans une église du voisinage, et que ses devoirs le lui permissent, il s'y rendait quelquefois, dans la matinée, pour y communier, d'autres fois, le soir, pour y assister au sermon et au salut du Saint-Sacrement. « Lorsqu'il entrait dans l'église, dit un de nos mémoires sur sa vie, il était saisi d'un profond respect, qui paraissait sur son visage et dans tout son extérieur. Il se mettait à genoux au pied d'un pilier où il faisait son premier acte d'adoration ; de là il allait se placer dans un endroit écarté où il demeurait immobile en adoration, autant de temps qu'il en avait à sa disposition, quelquefois deux et même trois heures, surtout aux jours de fêtes, et lorsqu'il avait communié. Un nombre de ses condisciples, sur lesquels ces grands exemples faisaient la plus vive impression, se rendaient dans les églises où ils prévoyaient qu'il pourrait aller, afin de s'édifier de sa piété ; et sa seule présence était pour eux un prédicateur éloquent. Plusieurs ne pouvaient le voir ainsi sans en être touchés jusqu'à verser des larmes. »

Quoique Sousi fût à peine entré dans sa seizième année lorsqu'il commença son cours de philosophie, comme il avait dès-lors le jugement formé, et qu'à une grande facilité il joignait beaucoup d'application, cette étude ne lui parut qu'une sorte d'amusement, et ne lui suffisait pas pour remplir son temps. Les heures qui lui restaient, il les employait à se former à la science du salut. Il se délassait de l'étude des sciences humaines par la méditation des divines Ecritures; il récitait l'office divin, et l'on voyait un jeune laïque faire ses délices de remplir volontairement une tâche qui pèse à la lâcheté de certains ecclésiastiques engagés dans les saints Ordres, et quelquefois même enrichis du patrimoine de l'Église.

Sousi fit plus encore que de réciter nos sacrés cantiques : afin de pouvoir s'entretenir en tout temps comme en tout lieu des pieux sentimens qu'ils renferment, il résolut de les apprendre par cœur, persuadé qu'il ne pouvait mieux rendre hommage à Dieu du don qu'il lui avait fait d'une excellente mémoire qu'en l'employant à se remplir l'esprit des grandes maximes de la religion. Il savait presque tous les Psaumes par cœur ; il les avait appris pendant le loisir de ses vacances.

A la prière, et à l'étude de la loi du Seigneur,

Sousi joignait la lecture des bons livres. Il en faisait régulièrement trois chaque jour, deux dans les livres de piété, et une dans le Nouveau Testament. Il marquait son respect pour ce livre divin en ne le lisant jamais qu'à genoux. Il en lisait ordinairement un chapitre par jour, et cette lecture, par la manière dont il la faisait, était pour lui une excellente méditation. Il était aussi dans l'usage d'apprendre par cœur quelques-uns des versets qui l'avaient le plus frappé dans le chapitre qu'il avait lu. Après le Nouveau Testament, le livre de l'Imitation était son livre de piété favori ; il ne se lassait point de le lire, il le portait toujours avec lui.

En se remplissant ainsi l'esprit et la mémoire des bonnes lectures, il s'était tellement accoutumé à penser à Dieu qu'il ne perdait pas de vue sa présence. En allant en classe ou à la promenade, au milieu même des compagnies, comme lorsqu'il était seul, il se trouvait auprès de Dieu ; il le voyait et s'entretenait familièrement avec lui. « Je me souviens, dit l'abbé de Flamanville, qu'un jour que nous faisions ensemble une lecture sur la présence de Dieu, il me rapporta l'exemple de deux amis qui, pour s'accoutumer à y penser, se disaient l'un à l'autre, lorsqu'ils se rencontraient : *Y pensez-vous* ? Pratique qu'il m'engagea dès-lors à suivre avec lui. Il enchérit même à cet égard, en me proposant de convenir d'un signe qui répondrait à cette question, lorsque nous ne pourrions pas commodément nous la faire; en sorte qu'en compagnie et à table même, nous nous demandions ainsi l'un à l'autre si nous pensions à Dieu; et je puis dire que jamais je ne l'ai trouvé en défaut là-dessus. »

Cette attention continuelle de Sousi à la présence de Dieu l'entretenait dans le recueillement, au milieu même du tumulte et de la dissipation. Les conversations les plus frivoles des gens du monde devenaient pour lui des sujets de réflexions salutaires. Ainsi, lorsqu'il les entendait parler de leurs amusemens et de leurs plaisirs, estimer les richesses, soupirer après les honneurs, il se rappelait en lui-même les maximes de l'Evangile qui condamnent ces sentimens, et, sans se permettre de censurer hautement l'âge mur ou la vieillesse, lui qui n'était qu'un jeune homme, il se promettait du moins de ne jamais penser ni parler comme on faisait en sa présence. S'il arrivait qu'on lui demandât son avis sur un point qui ne lui parût pas conforme à la loi de Dieu, il le disait avec beaucoup de modestie, et aussi avec toute la franchise qui convient à celui qui parle en faveur de la bonne cause.

La vue des créatures portait Sousi au souvenir de leur Créateur : les unes en lui rappelant ses bontés, les autres en lui retraçant sa puissance. Toutes lui offraient des moyens de s'édifier, qu'il ne laissait pas échapper, et qu'il suggérait à ses amis dans l'occasion. Voici comment il écrivait à l'un d'eux, qui habitait une campagne dans le voisinage de la mer : « Le séjour de la campagne est fort utile, en ce que toutes les productions que nous y voyons peuvent nous porter à Dieu. Les actes les plus convenables, à la vue de ce spectacle, ce sont, je crois, des actes de foi, en protestant à Dieu que ce que nous voyons ne peut être que l'ouvrage de ses mains, et des actes d'humilité, en reconnaissant notre petitesse et notre néant, en comparaison de la puissance qui créa toutes ces merveilles et qui les conserve.

» Songez un peu à moi devant Dieu, je vous en prie, lorsque vous serez dans ces grottes solitaires dont vous me parlez, ou que vous vous promènerez sur les bords de la mer. Son voisinage, tel que vous me le peignez, me paraît une chose aussi utile qu'agréable. On doit se sentir continuellement porté à adorer la grandeur de celui qui créa cet élément et qui y préside. J'espère que vous me ferez part, dans quelques-unes de vos lettres, des bonnes pensées que Dieu vous envoie dans votre solitude. Je songeais dernièrement que l'éternité était, à l'égard de la vie, ce qu'est le port à l'égard de la mer ; car, comme le port est l'endroit où les nautonniers se reposent après avoir fait de longues traites, et essuyé une infinité de tempêtes, ainsi l'éternité est le terme où les chrétiens doivent se reposer après les travaux d'une vie orageuse, sujette à tant de vicissitudes, si remplie de misères, si exposée aux tentations ; et, de même que le nautonnier, assailli d'une grande tempête soupire souvent après le port, ainsi le chrétien, au milieu des misères dont il se trouve comme accablé, doit soupirer sans cesse après l'éternité, comme le lieu où, réuni à Dieu, il sera à couvert de tous les dangers. »

V

La piété de Sousi lui faisait encore trouver une source d'instruction dans les divers événemens de la vie, dans les accidens mêmes qui affligeaient les particuliers, comme dans les fléaux qui désolaient les provinces. A la vue d'un incendie, à la nouvelle d'une mort subite, d'une grêle, d'une mortalité, « rendons grâces à Dieu, disait-il, qui nous épargne nous-mêmes dans sa miséricorde. » Il citait souvent, dans ces occasions, ce verset de l'Ecriture sainte : *Misericordiæ Domini, quia non sumus consumpti.* Il n'aimait pas à entendre ses condisciples et ses amis se plaindre de la rigueur du temps. Il leur disait que Dieu seul en règle la disposition, et que le dérangement même des saisons entre dans l'ordre de sa providence, et qu'il est un effet de sa miséricorde, qui avertit ses enfans par des châtimens temporels de ne pas en mériter d'éternels. Comme un de ses amis se plaignait devant lui du froid, qu'il paraissait souffrir impatiemment : « Comment donc, lui dit-il, avec ces sentimens, réciterez-vous ce verset : *Benedicite, gelu et frigus, Domino; benedicite, glacies et nives, Domino?»* Pour lui, le temps le plus orageux, celui qui aurait le plus contrarié ses projets, n'aurait pas été capable d'altérer le moins du monde la sérénité de son visage. Lorsqu'en un jour de congé, au moment d'une promenade, à la veille d'une partie de plaisir, la pluie et le mauvais temps ne permettaient pas de sortir, tandis que les autres se plaignaient avec chagrin, Sousi, content de ce qui plaisait à Dieu, bénissait sa providence et conservait son âme en paix. C'est de cette sorte qu'il se conduisait en tout. Dans les peines et les contradictions qu'il avait à souffrir, dans les incommodités ou les maladies qui lui survenaient, la volonté de Dieu faisait la règle unique de la sienne.

Le mal moral était le seul qui parût l'affliger. L'offense de Dieu l'attristait partout où il en était témoin ; et, comme il n'est rien de plus répandu dans le monde, il était rare qu'il y manifestât la gaîté naturelle à son âge. Il ne s'y livrait qu'auprès de ceux qui pensaient comme lui, et avec lesquels il pouvait parler librement le langage de la piété. Un jeune ecclésiastique, de ce nombre, lui disait un jour qu'il devait s'appliquer à rendre sa vertu aimable, et, pour cela, montrer plus de gaîté dans la conversation. Il lui citait, à cette occasion, l'exemple de ses deux frères aînés, qu'on trouvait fort réguliers, et pourtant fort aimables dans la société. « Je ne sais, répondit-il, comment ils font ; pour moi, je vous avoue que je ne saurais être gai, ni faire semblant de l'être, quand j'entends des discours tout opposés aux maximes de notre divin Maître ; et, pour peu que je me livre aux conversations frivoles et inutiles des gens du monde, je sens, le soir, que je ne suis plus dans l'état de tranquillité dans lequel j'avais tâché de me mettre le matin. » Une autre personne lui demandait un jour pourquoi on le voyait si sérieux : « C'est, lui répondit-il, que j'ai en tête une grande entreprise. » Comme il ne s'expliqua pas davantage, on cherchait à deviner quelle pouvait être cette entreprise ; car les gens du monde n'imaginent pas facilement qu'à la fleur de la jeunesse, et au sein de la fortune, le fils d'un ministre d'Etat puisse envisager l'affaire de son salut comme une affaire de si grande importance.

Tout occupé le jour de la présence de Dieu, le vertueux Sousi s'en occupait encore la nuit. Aucun temps même ne lui paraissait plus favorable pour prier et converser avec Dieu que les intervalles que le sommeil lui laissait libres. Ceux qu'il édifiait par sa piété, imaginant bien qu'il leur en dérobait encore plusieurs actes, eurent, plus d'une fois, la curiosité d'écouter à sa porte au milieu de la nuit, et, dans ce temps où il croyait n'avoir que le ciel pour témoin des vœux qu'il lui adressait, ils l'entendirent exprimer ses sentimens par de ferventes prières et des soupirs vers Dieu.

Comme on parle volontiers de ce qu'on aime uniquement, le pieux Sousi parlait souvent de Dieu, et toujours avec une onction qui pénétrait. « J'avoue, dit l'abbé de Flamanville dans ses mémoires, que le peu que j'ai fait de bien depuis que j'ai eu le bonheur de le connaître, je le dois à la force de ses discours. Lorsqu'il nous parlait de Dieu en liberté, il nous communiquait l'ardeur de son cœur, il nous embrasait. Les choses qu'il nous disait, dans ces momens, surpassaient tout ce qu'on aurait pu attendre d'un jeune homme de son âge. J'en demeurais quelquefois tout surpris, et au point qu'il s'apercevait de mon étonnement. Alors, craignant sans doute quelque mouvement de vaine complaisance, il s'arrêtait tout court, comme s'il eût oublié ce qu'il voulait dire, et me priait de dire moi-même ce que je pensais sur le même sujet. Je le faisais de mon mieux, honteux de voir avec quelle attention il m'écoutait, moi qui ne faisais qu'embrouiller la matière sur laquelle il venait de parler avec l'onction la plus touchante. »

VI

Les lettres que Sousi écrivait à ses amis, comme les entretiens qu'il avait avec eux, ne respiraient que la piété, et, parmi un assez grand nombre que j'ai sous les yeux, il n'y en a pas une seule qui n'offre quelque leçon édifiante, qui n'exprime quelque sentiment vertueux, et à laquelle on ne puisse reconnaître une âme éclairée de l'esprit de Dieu, pénétrée d'amour pour lui, et marchant toujours en sa présence. On en jugera par les fragmens que nous allons citer ici, et par ceux que nous citerons encore dans la suite.

« J'ai fait aujourd'hui, écrivait-il à l'abbé de Flamanville, une belle lecture sur la présence de Dieu. Ce que j'y ai remarqué de plus commode pour la pratique, c'est de nous dire souvent à nous mêmes : *O mon Dieu! pourquoi ne vous regardé-je pas toujours, vous qui me regardez sans cesse? pourquoi pensé-je si peu à vous, à vous qui pensez continuellement à moi? O mon âme! ta vraie place est dans la présence de ton Dieu : mais est-ce toujours auprès de lui que tu te trouves?*

» Comme les oiseaux ont leurs nids pour se reposer quand ils en ont besoin, et les cerfs leurs buissons où ils se retirent pour prendre l'ombre pendant les chaleurs de l'été, de même, mon cher ami, notre cœur devrait se choisir tous les jours quelque place, tantôt sur la montagne du Calvaire, tantôt dans les plaies mêmes de notre Seigneur, ou dans quelque lieu semblable, pour s'y délasser, suivant ses besoins, de ce qui l'occupe extérieurement, pour y être en sûreté, et comme dans une forteresse inaccessible aux tentations.

» Qu'une âme est bienheureuse, mon ami, lorsqu'elle peut dire à Dieu avec vérité, comme David au milieu des grandes occupations qu'il avait : Vous êtes mon refuge, Seigneur ; je trouve en vous un rempart qui me défend contre mes ennemis, un toit qui me garantit de l'orage, une ombre qui me protége contre la chaleur ! — Seigneur, dit ce saint roi, dans ses Psaumes, je suis toujours auprès de vous. — Oui, j'aurai toujours mon Dieu présent à mon esprit. — J'ai porté mes regards vers vous, ô mon Dieu ! vers vous qui habitez les cieux. — Sans cesse mes yeux sont fixés sur le Seigneur. J'aurais bien encore, mon cher ami, à vous parler de quelques autres pratiques sur le même sujet, qui me paraissent fort bonnes ; mais le temps me presse, nous y reviendrons samedi prochain. »

Dans une autre lettre au même ami : « Je ne doute pas, lui dit Sousi, que, dans la retraite que vous habitez, vous ne puissiez dire bien souvent avec David : J'ai veillé, j'ai imité le pélican dans le lieu de ma solitude ; j'ai cherché à me cacher comme l'oiseau de nuit dans les masures ; je me suis tenu seul comme le passereau sur le toit.

» Je lisais dernièrement, mon ami, qu'outre le sens littéral de ces passages de David, qui annonce que ce grand roi prenait tous les jours quelques heures pour se tenir en solitude, et vaquer à la contemplation des choses spirituelles, ils nous montrent, dans un sens figuré, trois sortes de retraites de notre Sauveur, où nous devons nous-mêmes le chercher. Il parut, à sa naissance, dans une étable abandonnée, comme l'oiseau de nuit dans sa masure, plaignant nos misères, et lavant nos péchés dans ses larmes ; il fut sur le Calvaire, comme le pélican solitaire, qui rappelle ses petits à la vie par l'effusion de son sang ; et, dans son Ascension, il ressembla au passereau, en s'élevant, sur les ailes de sa puissance, jusqu'au ciel, qui est comme le toit de ce bas monde.

» Oui, c'est là, mon cher ami, que nous pouvons faire commodément nos retraites, sans cesser, pour cela, de vaquer à nos occupations ordinaires. On rapporte que le bienheureux comte d'Arian, de Provence, écrivait à sa femme, qui désirait d'avoir de ses nouvelles : Si vous voulez être auprès de moi pendant mon absence, rendez-vous dans le cœur de notre divin Jésus, car c'est là que j'habite. Est-il rien, en effet, de si doux et de si utile pour nous que ces instants de retraite, ces élévations de cœur, ces bonnes pensées que l'on forme en tout lieu et en tout temps. C'est à quoi il faut que je tâche de m'accoutumer ; car, quand on est parvenu là, on profite de tout, et la moindre chose nous porte à Dieu. Par ce moyen, nos conversations sont dans le ciel, nos pensées ressemblent à celles des bienheureux. Je vous promets que vous ne trouverez rien de plus consolant et de si avantageux que cette pratique. Non, quand on a une fois goûté ces délices, on ne se laisse plus séduire par les fausses joies du monde ; on n'y prend plus de part, on les méprise comme de la boue. Adieu, mon bon ami. »

Sousi, en faisant à un de ses condisciples, qui était aussi son ami, le détail de ce qui l'avait le plus édifié depuis quelque temps qu'ils ne s'étaient vus, lui écrivait : « Je crois que le frère Jacques (c'était un frère de l'abbaye de Joui) aura fait sa profession dimanche dernier. J'assistai le même jour à celle d'une de mes tantes, qui est religieuse aux Filles-de-Sainte-Marie, de la rue Saint-Antoine. Ce fut un jour tout divin pour moi; car, d'un côté, je m'unis au sacrifice de notre bon frère; et, de l'autre, à celui auquel j'assistai. J'aurais cependant passé ce jour plus agréablement encore si j'eusse pu être présent aux deux cérémonies, et je n'aurais pas été moins édifié de la profession du frère Jacques que je le fus ici de celle de ma tante. C'est une fille d'une vertu merveilleuse, et qui me paraît avoir toutes les qualités que l'on peut désirer dans une bonne religieuse. C'est une chose admirable que de l'entendre. Quand je m'entretiens avec elle, il me semble parler à un ange. Elle a un si grand amour de Dieu, et elle parle si bien de l'éternité, de la mort, et des autres sujets que l'on devrait toujours avoir à la bouche ou dans la pensée, que quand, après cela, on entend les gens du monde parler sur les plaisirs et la vanité, on ne peut s'empêcher de s'étonner qu'il puisse y avoir des sentimens si différens dans les personnes qui ne sont sur la terre, les unes comme les autres, que pour songer au ciel et travailler à leur salut. »

Sousi ne trouvait jamais de place, dans les lettres qu'il écrivait à ses amis, pour les bagatelles et les inutilités, et, dans toute la collection que j'ai sous les yeux, je n'en vois qu'une seule où il annonce une nouvelle politique, et l'on voit qu'il n'en parle que parce qu'il la croit avantageuse à la religion : « Vienne, dit-il, était sur le point d'être prise, lorsque les Polonais sont venus charger les Turcs, et les ont mis en fuite : on les poursuit actuellement. Cette nouvelle doit être un sujet de réjouissance pour tout le monde, et une occasion de louer Dieu, qui a bien voulu secourir son peuple, en faisant éclater sa puissance contre les infidèles. »

VII

RIEN de ce qui pouvait intéresser l'Eglise n'était indifférent pour le pieux jeune homme. Les conquêtes de la religion étaient des triomphes pour lui, et il s'affligeait sensiblement des outrages qu'elle recevait de la part des hérétiques ou des mauvais chrétiens. C'était une de ses pratiques de dévotion favorites de prier pour les besoins de l'Église, et, dans le temps où se font les ordinations ecclésiastiques, il ne manquait pas d'inviter tous ses amis à s'unir à lui pour demander à Dieu qu'il donnât à son peuple des pasteurs selon son cœur.

Le zèle de la religion le plus haut à ses yeux, c'était celui de ces hommes apostoliques qui renoncent à tout et à eux-mêmes pour aller, au péril de leur vie, annoncer Jésus-Christ aux nations infidèles. Il enviait souvent leur bonheur, mais sans rien voir dans la générosité de leur sacrifice qui dût étonner une âme chrétienne, et surtout un ministre de la religion. Son ami Flamanville lui ayant fait part de la résolution qu'il avait formée de se consacrer aux missions étrangères (1), sans en paraître surpris, il

---

(1) Outre les maisons des missions, de plusieurs ordres religieux, nous avons en France, sous la protection du roi, un établissement précieux en faveur des ecclésiastiques du clergé séculier, que leur zèle porte à se dévouer à la conversion des infidèles : c'est *le Seminaire des Missions etrangères*, rue du Bac, à Paris. On éprouve, pendant quelque temps, dans cette maison, la vocation des jeunes ecclésiastiques qui s'y présentent, et, quand on les juge propres à l'œuvre, on leur procure, avec les moyens de passer chez les nations idolâtres, les secours nécessaires pour y subsister. Les relations que les

le félicita sur cette vocation particulière, « qui le mettrait, lui dit-il, dans une sorte de nécessité de ne travailler que pour Dieu, et de ne compter que sur lui seul. » Pour lui, en faisant le sacrifice du plus cher de ses amis, il crut qu'il gagnerait plus qu'il ne perdrait, parce qu'il voyait, dans cette privation, la gloire de Dieu et le salut des âmes. L'abbé de Flamanville, la veille de son départ, alla le trouver pour lui dire un éternel adieu. Sousi l'embrassa plein de joie, et lui dit : « Adieu donc, mon cher ami, je vous demande part de frère à tous vos travaux : nous serons séparés de corps, mais nous nous trouverons tous les jours en esprit dans le sacré cœur de notre Seigneur. Ne manquez pas, je vous prie, à ce rendez-vous, j'y serai fidèle de mon côté. » Flamanville ne put s'empêcher de lui dire qu'il était la seule chose qu'il eût du regret de laisser en France. « Et pourquoi ce regret ? lui répondit Sousi : la vie est si courte que ce n'est pas nous perdre que de nous séparer ainsi, mais nous éloigner seulement, pour

---

missionnaires adressent en France annoncent que l'on voit se perpétuer dans ces pays toutes les merveilles de la primitive Eglise.

nous revoir ensuite avec plus de plaisir. » « Comme je le quittais, continue l'abbé de Flamanville, il me dit, d'une manière qui marquait beaucoup de tendresse dans sa tranquillité : « Demandez à Dieu, pour moi, qu'il me détache des créatures, et que je sois insensible à leur séparation, toutes les fois qu'il lui plaira de l'ordonner. Votre absence m'ôte bien de la consolation, mais elle m'obligera à mettre plus parfaitement ma confiance en Dieu. Que notre Seigneur vous remplisse de son zèle et vous arme de sa patience, ô mon ami ! *Qui sperant in eo non confundentur!* » Ce furent là ses dernières paroles. Elles me percèrent le cœur, et je ne puis presque encore vous les écrire. Je sens toute ma douleur se renouveler en ce moment : les soupirs m'échappent, mes larmes coulent de nouveau, et sont les témoins sincères des vérités que je vous déclare. »

C'était par une infinité de petits sacrifices journaliers faits à Dieu que le saint jeune homme se préparait à lui faire ainsi, dans l'occasion, ceux qui coûtent le plus à la nature Dès qu'il croyait s'apercevoir qu'il recherchait une chose avec trop d'empressement, ou qu'il la possédait avec une affection un peu trop naturelle, aussitôt il s'en détachait de cœur et même d'effet, lorsqu'il le pouvait. C'est ainsi, par exemple, qu'ayant de très-beaux cheveux, dont on lui parlait quelquefois comme d'un ornement précieux, il en fit couper les deux tiers, dans la crainte qu'ils ne fussent pour lui une occasion de vaine complaisance; et comme on lui disait que c'était grand dommage qu'il eût fait gâter une si belle chevelure : « Les longs cheveux et les longs ongles, répondit-il, sont deux choses également superflues, et il me semble qu'on ne doit pas raisonnablement s'attacher plus à l'une qu'à l'autre, ni en tirer plus de vanité. »

Il lui suffisait de sentir quelque répugnance à faire une chose, pour qu'il s'appliquât à la faire avec plus de soin. Ainsi ce qui lui plaisait le moins dans ses devoirs d'étudiant, c'était ce qu'il faisait le mieux; et il en était de même dans tout le reste. Il était charmé quand il pouvait faire à Dieu un sacrifice de sa volonté. Son frère Maurice lui en offrait de fréquentes occasions, ce qu'il ne laissait pas échapper. Ce jeune homme était comme l'instrument dont se servait la Providence pour exercer la vertu de Sousi, en contrariant ses inclinations et ses goûts. Toujours disposé à causer, rire et folâtrer, il venait le distraire au milieu des exercices de piété, il l'interrompait lorsqu'il conversait avec ses amis; s'il lui voyait quelque chose qui lui plût, il voulait l'avoir. Sousi, d'un an moins âgé que son frère, supportait ses inportunités et sa pétulance avec une patience qui fut souvent admirée : il se prêtait avec complaisance à tout ce qui pouvait le rendre content, il lui accordait tout ce qu'il lui demandait. Dans une occasion, seulement, il hésita quelques instans avant d'acquiescer à un sacrifice qu'il lui proposait de faire en sa faveur. Sousi, qui aimait l'ordre, et qui était fort soigneux en toutes choses, avait parfaitement bien arrangé le cabinet d'étude qu'il occupait. On n'y voyait rien de recherché, tout y était simple, mais aussi d'une grande propreté. Il y avait rassemblé divers ornemens qui annonçaient la piété. Ce qu'il y estimait le plus était une collection de sentences tirées de l'Ecriture sainte, qu'il avait fait encadrer avec soin. Enfin l'arrangement de sa petite solitude lui avait coûté, outre la dépense, bien des heures de ses récréations. Lorsque tout y fut ainsi disposé, son frère Maurice la vit, la trouva de son goût, et la lui demanda, en lui offrant de lui donner la chambre qu'il occupait lui-même. Sousi se défendit d'abord de souscrire à l'échange, et représenta à son frère, avec sa douceur ordinaire, qu'il lui serait facile, s'il voulait se donner quelques soins, de rendre son cabinet aussi agréable que celui qu'il enviait. C'était un dimanche après dîner que ceci se passait. L'heure des vêpres étant venue, ils allèrent ensemble les entendre à Saint-Antoine. En sortant de l'église, Sousi dit à Maurice : « Puisque mon cabinet vous fait tant de plaisir, je vous le donne ; vous pouvez le prendre aujourd'hui ; » et, pour se punir, en quelque sorte, d'avoir hésité à faire ce sacrifice, il donna encore à son frère d'autres petits ornemens qu'il n'avait pas pensé à lui demander, mais dont il s'accommoda volontiers. « Il m'avoua, continue l'abbé de Flamanville, qui rapporte ce trait, que, si son frère ne les eût pas acceptés, il les eût tous brûlés plutôt que de posséder quelque chose avec attache. Il copia toutes les petites sentences qui ornaient son cabinet sur un morceau de papier, il l'attacha à sa tapisserie, où il était encore après sa mort. Il m'assura que cette simplicité l'avait touché plus qu'il ne l'était auparavant, et qu'il lui semblait que cet acte de détachement lui avait attiré des bénédictions particulières. « Hélas ! me disait-il encore à cette occasion, on s'imagine être bien avancé, parce qu'on croit mépriser le monde dans les grandes choses, et voilà que de très-petites partagent notre cœur ; c'est là, mon ami, une erreur bien dangereuse pour un chrétien. »

Dans cette disposition, Sousi ne négligeait rien de ce qu'il croyait propre à l'entretenir dans le détachement des choses de la terre, et à nourrir sa piété. Quelque petite que lui parût une pratique de dévotion, il lui suffisait qu'elle fût consacrée par le suffrage des gens de bien, pour qu'il la respectât. Il l'adoptait même, lorsqu'il le pouvait, ne trouvant pas de plus douce satisfaction que de s'attacher à Dieu et à ses devoirs par quelque nouveau lien. C'est ainsi qu'il contractait avec ses fidèles amis de petits engagemens de piété réciproques. « Il nous conseillait, dit l'un d'eux, nommé Xili, de ne jamais passer devant une église sans y entrer pour y adorer du moins un instant le Saint-Sacrement, et, lorsque nous étions dans nos chambres, de nous tourner vers l'église du collége, de nous prosterner quelquefois, et d'adorer ainsi notre Seigneur, que la foi rapprocherait de nous comme si nous étions au pied du tabernacle. »

C'était une des pratiques de Sousi de se figurer continuellement son Ange gardien à ses côtés, et de le saluer comme s'il l'eût vu. Il parlait souvent à ses amis des avantages de la dévotion aux saints anges, à leurs patrons, à saint Joseph et surtout à la sainte Vierge. Il récitait lui-même tous les jours la prière du chapelet en son honneur, et il ne manqua jamais de solenniser ses fêtes par la communion. Je vois, par une lettre qu'il écrivait à l'abbé de Flamanville, au commencement de son cours de philosophie, qu'il choisit alors un jour de fête de la sainte Vierge pour se dévouer à son culte par un acte de consécration particulière. « Il y a long-temps, dit-il, que je désire de me mettre plus spécialement sous la protection de la sainte Vierge, dont l'assistance nous est si nécessaire pour obtenir de Dieu les vertus dont nous avons besoin. Je vous prie, mon cher ami, de m'envoyer le petit *Pensez y bien*, afin que je prévoie ce soir les pratiques qui y sont indiquées pour honorer cette bonne maîtresse, et que demain je puisse, s'il plaît à Dieu, me mettre au nombre de ses très-humbles serviteurs. »

Mais, entre tous les moyens par lesquels Sousi cherchait à s'affermir dans le service de Dieu, il n'en est aucun qui lui ait paru aussi efficace que la communion. Aussi voyons-nous, par les mémoires de sa vie, qu'il en faisait un saint et fréquent usage, et qu'il s'associait souvent avec ses amis pour cette sainte action. C'était dans la communion qu'il cherchait son conseil dans ses doutes, son soutien dans les tentations, sa force contre tous les ennemis de son salut ; c'était par la vertu de la communion qu'il triomphait du monde et de ses exemples, du démon et de ses sacrifices, de ses passions, enfin, ennemis plus redoutables encore pour un jeune homme que tous ceux du dehors. Etant d'ailleurs aussi éclairé qu'il l'était dans les voies du salut, il ne pouvait pas ignorer que ce ne sont pas les chrétiens qui com-

munient le plus rarement qui le font le plus saintement, et que, s'il faut qu'un jeune homme vive dans
l'innocence pour mériter de communier souvent, il
faut aussi réciproquement qu'il communie souvent
pour pouvoir vivre dans l'innocence.

Cette doctrine, qui fut toujours celle de l'Eglise,
parce qu'elle est celle du Sauveur même, remplissait
le saint jeune homme de consolation et de reconnaissance. « J'ai trouvé dans le Nouveau Testament,
écrivait-il à son ami Flamanville, un bien beau sujet
de méditation avant la communion : c'est le sixième
chapitre de saint Jean. Notre Seigneur ne se lasse
point de dire, dans ce chapitre, qu'il est le pain de
vie ; que celui qui mange ce pain ne mourra jamais,
et que celui qui s'en prive n'aura point la vie en lui ;
pour nous marquer le désir qu'il a que nous nous
fortifiions souvent par cette divine nourriture. »

Quoique tout l'ensemble de la conduite de Sousi
eût été une préparation habituelle à la communion,
il se disposait néanmoins chaque fois à cette sainte
action avec autant de zèle et de soins qu'il en avait
marqué lorsqu'il s'en approcha pour la première
fois ; et l'on peut dire que cette manne divine conserva toujours pour lui le goût de la nouveauté. Il
paraît qu'outre les communions qu'il faisait les

dimanches et les fêtes, son confesseur lui en permettait d'autres encore dans différentes occasions : c'est ainsi, par exemple, que je le vois aller communier au grand séminaire de Saint-Sulpice, à certaines fêtes de dévotion particulières à cette maison. Un jour qu'il ne pouvait pas se procurer cet avantage, il écrivit à l'abbé de Flamanville : « C'est demain qu'on célèbre au séminaire la fête de l'*Invitation de la sainte Vierge*. Je ne sais si ma lettre vous arrivera assez tôt pour vous demander part à la communion que vous ne manquerez pas de faire ; mais j'espère que, sans cela, vous ne m'oublierez pas. »

VIII

En mettant ainsi tout en œuvre pour sanctifier les années de sa jeunesse, Sousi songeait aux moyens d'assurer sa vertu pour les autres âges de la vie; et c'est pour cela que, pendant son cours de philosophie, il s'appliqua d'une manière toute particulière à étudier sa vocation. Toutes les communions et les bonnes œuvres qu'il faisait alors, il les offrait à Dieu pour obtenir de lui ses lumières sur le choix de l'état auquel sa providence le destinait. Il croyait encore que, pour mériter d'entendre la voix du ciel sur un objet de cette conséquence, c'était dans le silence et la retraite qu'il fallait le consulter. Je vois, dans une lettre à un de ses condisciples, qu'il lui donne le conseil de se retirer pendant dix jours dans la maison de Saint-Lazare, pour réfléchir mûrement sur le choix qu'il voulait faire d'un état de vie. C'était aussi dans une retraite qu'il se proposait de se décider sur sa vocation, et il avait résolu de la faire vers les fêtes de Pâques, temps auquel l'Université ferme ses classes pour huit jours ; il faisait alors sa physique. « Je sens, écrivait-il à un de ses amis, dans cette circonstance, que j'ai besoin d'une retraite pour me préparer au choix d'un état de vie. Je ne saurais, parmi la dissipation de mes études, m'appliquer assez sérieusement aux grandes vérités dont il faut que je sois pénétré, en faisant ce choix décisif. J'aurais désiré de faire cette retraite au séminaire de Saint-Nicolas, persuadé qu'elle m'y serait plus avantageuse qu'en aucun autre endroit, parce que j'y trouverais mon confesseur ; mais, mon père, à qui j'en ai parlé, trouve plus à propos que je la fasse ailleurs. J'ai été trouver M. Polot, pour savoir de lui comment je me conduirais pendant ce temps ; il m'a dit qu'il craignait un peu qu'une retraite ne m'échauffât la poitrine ; qu'il vaudrait peut-être mieux que je n'en fisse pas actuellement, et qu'il en confèrerait avec M. Léger. La chose en est encore là. Je désirerais bien qu'ils s'accordassent pour me procurer cet avantage, quoique cependant le meilleur parti que je puisse prendre soit de m'en rapporter à mon confesseur, et de faire le sacrifice de ma retraite s'il le juge à propos. « Il fit en effet ce sacrifice, et ce fut peu de temps après qu'il tomba malade de la maladie dont il mourut. »

Quoique Sousi eût étudié sa vocation pendant dix-huit mois, avec le désir le plus sincère de la suivre, quelle qu'elle pût être, Dieu, qui se plaît souvent à exercer la fidélité de ses élus pour embellir leur couronne, laissa le vertueux jeune homme dans l'ignorance la plus profonde de ce qu'il cherchait à découvrir avec un zèle si pur. « Que vous êtes heureux! disait-il quelquefois à ceux de ses amis qui étaient décidés pour un état de vie : vous voyez devant vous le chemin qui doit vous conduire au ciel, vous n'avez plus qu'à le suivre avec courage et sans regarder derrière vous ; pour moi, je demande continuellement à Dieu où il me veut, et Dieu ne me répond point. »

L'abbé de Flamanville, sur le point de se séparer de lui, dans le dessein où il était, comme nous avons vu, de passer dans les missions étrangères, le priait de lui dire à quel état il se croyait appelé. « Je suis si misérable, mon cher ami, lui répondit-il, que j'ignore même si Dieu me jugera jamais digne de m'appeler à aucun état; mais ce que je puis vous assurer, c'est que si je connaissais, en ce moment, qu'il m'appelât au fond de la mer, je m'y jetterais, sans hésiter, la tête la première. »

Une lettre que Sousi écrivait à un de ses amis les plus intimes annonce qu'il estimait beaucoup l'état religieux. « Le Père Bourdaloue, lui dit-il, nous est venu voir à Haute-Brière (1), et nous a fait un très-beau sermon sur les facilités qu'offre la vie religieuse pour travailler au salut, et sur les obstacles qu'on y trouve dans le monde. Ce sermon seul m'aurait persuadé cette vérité si Dieu ne m'avait déjà fait la grâce de m'en convaincre auparavant. Je vous avoue que, quand je pense au temps que j'ai déjà passé inutilement dans le monde, je le regrette beaucoup. » C'est ainsi que l'humble jeune homme comptait pour rien l'application à tous ses devoirs et le soin

---

(1) Maison de campagne de son père.

qu'il prenait de préparer, par les vertus de sa jeunesse, celles des autres âges.

Cependant ses doutes sur l'état qu'il devait embrasser subsistaient toujours, et il n'était pas même possible qu'ils fussent éclaircis, puisqu'ils portaient sur un avenir qui ne devait pas exister. Dieu, en paraissant sourd aux désirs de son cœur, avait sur lui de grands desseins de miséricorde : il voulait offrir en sa personne un modèle de perfection aux jeunes gens et aux autres âges : c'était là le terme de la vocation de Sousi, et, si j'ose le dire, sa mission. C'était de sa fidélité à la remplir, et du soin unique qu'il aurait de sanctifier sa jeunesse, que devaient dépendre son salut et celui de plusieurs autres qui seraient touchés de la sainteté de ses exemples.

IX

L'HOMME vertueux ne l'est jamais pour lui seul :
ses exemples sont une leçon continuelle pour ceux
qui ont l'avantage d'en être témoins, et, lors même
qu'il n'a en vue que la gloire de Dieu et sa propre
sanctification, il travaille encore à la sanctification
des autres. Un jeune homme, pour l'ordinaire, a
rempli le précepte de la charité fraternelle quand il
a donné le bon exemple, et ce serait une dangereuse

illusion de sa part de vouloir s'ériger en docteur de la sagesse, lorsqu'il n'en est encore lui-même que le disciple imparfait. Sousi fit une exception marquée à cette règle générale ; il fut tout à la fois et l'apôtre et le modèle de la piété ; il le fut au sein de sa famille, parmi ses condisciples et ses amis, dans le séminaire de Saint-Sulpice qu'il fréquentait, et au milieu même du monde, dans les rapports qu'il eut avec lui. Partout où il paraissait, c'était pour édifier en montrant des vertus ; et ceux qui ont eu le plus de part à sa familiarité lui rendent ce témoignage que, depuis l'époque de sa première communion jusqu'à sa mort, ils ne lui ont jamais vu faire une seule action qui ne méritât des louanges, ni entendu prononcer une parole qui ne fût pour ceux qui l'entendaient une sorte d'invitation à la vertu.

Ce n'était point, comme la plupart des enfans, par des complimens flatteurs et des caresses équivoques, c'était par une sagesse de conduite soutenue que Sousi témoignait son affection à ses parens ; et toutes les marques extérieures qu'il leur en donnait prenaient leur source dans son cœur vertueux. Dès le plus bas âge, il ne se serait pas permis envers eux la plus légère désobéissance ; lors même qu'il aurait pu s'en promettre l'impunité. La tendresse qu'ils lui marquaient et leurs dispositions à l'indulgence n'étaient, pour un cœur aussi bien né que le sien, qu'un motif de plus d'éviter avec soin ce qui eût pu leur causer le plus léger désagrément. Il les aimait d'un amour désintéressé, et pour eux-mêmes plus que pour lui : aussi ne demandait-il rien au ciel avec plus de zèle et de persévérance que leur salut. Lorsque son père fut appelé au ministère public, il récitait tous les jours une prière qu'il avait composée lui-même, pour demander à Dieu qu'il fît la grâce au nouveau ministre de ne point se laisser éblouir par les grandeurs de ce monde. Voici comment il écrivait, à cette occasion, à un de ses amis : « Vous savez que M. de Colbert est mort ; c'est mon père qui lui succède. Cette dernière nouvelle m'a autant surpris qu'affligé ; car, quoique j'espère que Dieu fera la grâce à mon père de remplir sa charge en bon chrétien, les honneurs de la terre sont néanmoins toujours bien à craindre, parce qu'il n'est que trop ordinaire qu'ils conduisent ceux qui les possèdent à oublier le ciel. J'espère, mon cher ami, que vous ne manquerez pas de demander dans vos prières que mon père s'acquitte de cet emploi pour la plus grande gloire de Dieu et pour son salut. »

Quoique les parens de Sousi, parens sages et religieux, eussent été fort éloignés de lui rien prescrire qu'ils eussent cru pouvoir être désavoué par la religion, il y avait néanmoins une chose en quoi ils lui rendaient l'obéissance pénible : c'était lorsqu'ils l'obligeaient à porter de beaux habits, et à paraître avec les autres ajustemens qu'ils jugeaient convenables à son âge et à son rang. Obéir, alors, était pour lui un grand sacrifice, mais qu'il faisait cependant de bonne grâce, et dont il ne parlait qu'à quelques-uns de ses plus vertueux amis. Un jour que son père lui avait fait donner un habit plus riche que ceux qu'il avait coutume de porter, et surtout une très-belle épée (il était alors en philosophie) : « Voyez, je vous prie, dit-il à son ami Flamanville, à quoi nous engagent les grandeurs de ce monde : si j'étais fils d'un homme du commun, on ne songerait pas à faire de moi un aimable cavalier. Je vous assure que j'envie quelquefois la condition du petit Jeannot, qui fait les commissions de l'hôtel ; je porterais plus volontiers ses habits que toutes ces vanités que l'on croit être de convenance pour le fils d'un ministre, quoiqu'elles conviennent si peu à un chrétien. Mais Dieu me commande d'obéir à mes parens, voilà ce qui me rassure et me console. » Un autre jour qu'il avait été à Villeneuve, continue l'abbé de Flamanville, il y oublia sa belle épée, et je soupçonnai qu'il l'avait fait à dessein ; mais il m'assura le contraire, et me dit : « Vous imaginez bien que la satisfaction que je trouverais à ne la pas porter ne mérite pas d'être achetée par une désobéissance. »

Les maîtres de Sousi n'étaient pas moins édifiés que ses parens de la manière dont il se conduisait à leur égard. Leur volonté faisait en tout la règle de la sienne, et il s'y pliait d'autant plus volontiers que leur obéir, c'était, disait-il, obéir tout à la fois et à Dieu et à ses parens. Son obéissance, ainsi commandée par la religion et par la raison, n'était pas un joug pour lui, ou, si c'en était un, c'était un joug qu'il portait avec plaisir. Ce fut dès son plus bas âge qu'il mérita la confiance et toute l'amitié de ses maîtres, qui trouvaient en lui, non un enfant qui eût besoin qu'on le surveillât, mais un jeune ami, l'élève de la raison et de la religion, auquel il suffisait qu'ils indiquassent ses devoirs pour qu'il se portât de lui-même à les remplir. Lorsqu'il fut en philosophie, on lui accorda le plus entier exercice de la liberté, et l'usage qu'il en fit, ce fut pour s'imposer à lui-même l'obéissance dont on voulait l'affranchir. Il demandait les moindres permissions à son maître avec la simplicité d'un enfant, et il recevait ses conseils comme des ordres. Ses amis le savaient si bien que, lorsqu'une fois il leur avait dit : M. Léger le désire ainsi, ils ne songeaient pas même à insister pour lui faire changer d'avis.

Dans la classe, aucun étudiant n'était aussi fidèle

que Sousi à l'ordre établi, et ne donnait une si sérieuse attention aux leçons du professeur. Nous avons vu, dans le règlement qu'il s'était tracé, qu'il n'aurait pas voulu se permettre de dire un seul mot à son voisin sans nécessité. Mais, en se faisant une loi du silence pour tout le temps où il convenait qu'il le gardât, il s'en était fait une autre d'être toujours prêt à parler lorsqu'il serait interrogé sur la matière de la leçon du jour, et jamais il ne se trouva en défaut à cet égard. On remarqua que, pendant tout son cours de philosophie, il n'avait pas quitté une seule fois la place qui lui avait été assignée dans la classe au commencement de l'année de logique, quoique l'ordre établi d'abord eût été bientôt interverti par ses condisciples. Immédiatement après la dictée et avant l'explication, les étudians se permettaient, en arrangeant leurs cahiers, de causer un instant à voix basse, sous l'approbation tacite du professeur; Sousi était le seul qui, se rappelant la loi, ne s'autorisât point de cette tolérance pour y porter atteinte. Pendant ce petit intervalle de repos, il s'occupait d'une lecture.

De toutes les personnes que la Providence avait établies au-dessus de lui, il n'en était point auxquelles il obéît avec plus de confiance et de respect qu'à son confesseur. Il le regardait comme l'ange de Dieu, et il recevait ses conseils et ses avis comme autant d'ordres émanés du Ciel : il les suivait fidèlement dans les choses mêmes qui ne regardaient qu'indirectement ses confessions, et sur lesquelles il le consultait autant comme un homme éclairé que comme le directeur de sa conscience. Il avait en effet trouvé, dans la personne de M. Polot, un de ces guides aussi sages que zélés, sous la direction desquels un jeune homme, avec d'heureuses inclinations, ne peut manquer de faire de grands progrès dans les voies du salut. On peut juger, par le trait suivant, jusqu'où allait la déférence de Sousi pour les conseils que lui donnait le sage supérieur de Saint-Nicolas. Il alla le trouver un jour pour lui faire confidence du désir qu'il se sentait d'assurer son salut dans l'état religieux, et le prier de lui dire son sentiment à cet égard. M. Polot lui répondit qu'il était jeune encore ; que ce désir, quelque louable qu'il fût en lui-même, pouvait n'être pas cependant celui auquel Dieu voulait qu'il s'arrêtât, et il finit par lui conseiller de ne pas s'en occuper pendant ses deux années de philosophie, de n'en parler même à personne pendant tout ce temps, mais de se contenter de prier Dieu qu'il l'éclairât, après quoi il lui dirait lui-même son sentiment sur l'état de vie auquel il le croirait appelé. Il en coûta beaucoup à Sousi pour être fidèle en tout à ce conseil. Ses meilleurs amis, Flamanville et Xili, lui demandèrent souvent, avec des instances qui allaient jusqu'à l'importunité, pour quel état il se sentait le plus d'inclination, sans pouvoir obtenir qu'il leur en fît l'aveu. Jamais même il ne lui échappa la moindre parole qui pût leur faire soupçonner ce sur quoi M. Polot lui avait conseillé de garder le silence, et ce ne fut qu'après sa mort qu'ils découvrirent l'un et l'autre, avec édification, que celui qui n'avait, dans tout le reste, rien de caché pour eux, savait garder pour lui seul le secret que lui avait recommandé son confesseur.

X

La conduite de Sousi avec ses égaux ou ses inférieurs n'était ni moins édifiante ni moins sage que celle qu'il tenait envers ses supérieurs et ses parens. Des manières honnêtes et prévenantes, une douceur inaltérable, et surtout une charité sans bornes, le faisaient aimer de tous ceux avec lesquels il entretenait les moindres rapports. Il avait peu d'amis particuliers, mais il les avait si bien choisis qu'il n'eut jamais qu'à se louer de leur avoir donné sa confiance. On peut dire aussi que ses amis se perfectionnèrent beaucoup dans sa société, et qu'il acheva lui-même de les rendre dignes de lui. C'est ce qu'avouent ingénument ceux qui furent le plus étroitement liés avec lui. Flamanville et Xili, dans les mémoires qu'ils ont laissés sur leur ami commun, assurent qu'après Dieu ce fut à lui qu'ils furent redevables d'avoir bien connu la vertu, et senti la nécessité de la pratiquer dès la jeunesse.

Ce fut à l'abbaye de Joui, comme nous l'avons déjà remarqué, que Sousi vit, pour la première fois, l'abbé de Flamanville; et les cœurs vertueux, dès qu'ils se rencontrent, se rapprochent et s'unissent pour la vie. La rare piété de Sousi d'un côté, les heureuses inclinations de Flamanville, furent les fondement de l'étroite union qui régna toujours entre eux, union vraiment chrétienne, et bien digne, sans doute, de servir de modèle aux jeunes gens qui ont à cœur de ne contracter que des amitiés utiles. « Après que j'eus fait sa connaissance, dit l'abbé de Flamanville, il ne fut pas long-temps sans me proposer de faire avec lui plusieurs petits exercices, et de régler notre temps, afin de pouvoir en donner une bonne partie à l'étude. Quoique nous fussions alors en vacances, je pris, à son exemple, la résolution de me lever dès quatre heures et demie. Nous allions aussitôt après dans la forêt voisine de l'abbaye pour y faire notre prière. Comme j'étais ecclésiastique, et que j'habitais un séminaire, il croyait trouver en moi un homme consommé dans la pratique des vertus qu'on enseigne dans ces saintes maisons ; il me parlait du désir qu'il avait de servir Dieu, il m'exposait ses sentimens sur l'esprit de prière, de retraite et de mortification, en des termes qui me couvraient de confusion lorsque je faisais un retour sur moi même. Il ne se contentait pas de bien parler des choses de Dieu, il aimait à en venir à la pratique : il me proposait quelquefois de faire ce que je n'aurais pas même eu le courage de penser. Je le faisais néanmoins, non par des motifs aussi purs que les siens, mais à son exemple, et par la honte que j'aurais eue d'avouer à un laïque, beaucoup plus jeune que moi, que je ne me sentais pas la force d'exécuter ce qu'il avait lui-même le courage de me proposer.

Un des meilleurs amis de Sousi, après l'abbé de Flamanville, ce fut Xili, ce jeune Irlandais dont nous avons déjà parlé. Ils eurent ensemble les relations les plus intimes et les plus suivies. Ils étaient condisciples, et il paraît qu'ils avaient commencé à se connaître étant l'un et l'autre en rhétorique. Ils firent ensuite leur philosophie sous le même professeur. Xili avait, comme Flamanville, un excellent fond et le plus heureux caractère ; mais ses dispositions naturelles à la vertu avaient besoin d'être veillées, en quelque sorte, et dirigées par le zèle tendre et éclairé d'un ami tel que Sousi. La gaîté de Xili tenait un peu de l'étourderie, et l'entretenait dans la dissipation. Sans négliger entièrement ses devoirs, il les remplissait assez superficiellement. Il était toujours disposé à rire et à folâtrer ; et, quoiqu'il se sentît autant d'affection que d'estime pour Sousi, il avoue néanmoins que, lorsqu'il commença à le connaître, sa vertu lui paraissait avoir quelque chose de trop grave et de trop austère, qu'il eût voulu pouvoir réformer ; mais ce fut lui-même, au contraire, qui, sans y songer, se trouva réformé en pratiquant son vertueux condisciple. On pourra juger du caractère des deux amis par l'entretien suivant, extrait des mémoires de Xili.

« Je voulais quelquefois badiner, dit-il, je lui faisais des contes pour rire, et je lui disais ce qui me passait par la tête. Il m'en reprenait et m'en marquait sa peine, mais avec la plus grande douceur. — Mon ami, me disait-il, retranchons cela, parlons de quelque chose plus utile. — Mais, lui répondais-je, il faut bien s'amuser un peu et n'être pas toujours également sérieux. — Oui, mais tâchons aussi de ne pas nous permettre si souvent, dans nos amusemens, de ces propos oiseux, dont il nous faudra rendre compte à Dieu. — Eh bien! poursuivais-je, qu'est-ce qu'on dit de nouveau à la cour? Comment va la guerre de Hongrie? — Vous savez bien que les nouvelles politiques ne m'occupent guère. — Comment pouvez-vous les ignorer, vous le fils d'un ministre? — C'est que le gouvernement de l'Etat et la conduite des armées ne me regardent nullement. — Cela ne me regarde pas plus que vous, mais on est toujours bien aise de savoir un peu ce qui se passe dans le monde. — Pour moi, mon ami, je vous avoue que ma logique à apprendre et mon salut à faire, c'en est bien autant qu'il en faut pour m'occuper tout entier. — Il faut convenir que vous avez de bien beaux cheveux; je ne me lasse point de les admirer. Pourquoi donc ne les faites-vous pas mieux arranger, vous qui avez un valet de chambre à vos ordres? — C'est, mon ami, parce qu'un homme, et surtout un chrétien, doit songer à meubler le dedans de sa tête et laisser aux femmes et aux esprits frivoles le soin de la parure extérieure. — Vous devriez bien du moins vous faire poudrer, comme je fais; moi qui ne suis pas un si gros seigneur que vous. — Oh! oui, sans doute, il faudra, pour complaire à notre cher Xili, que je me poudre comme lui; il faudra que je fasse l'aimable, et que je tranche du petit marquis : cela m'irait on ne peut pas mieux. — Mais dites-moi : voici que la fête de Saint-Germain approche, n'irons-nous pas y faire un tour ? — Eh ! qu'irons-nous y faire ? — Il n'y manquera pas, sans doute, de choses fort curieuses à voir. — Oui, nous y verrons des bouffons indécens, des polissons qui se battent, des ivrognes qui jurent, et partout des gens qui offensent Dieu. — Mais, sans vous arrêter à tout cela, ayant autant d'argent que vous en avez, vous entrerez dans les boutiques, où vous pourrez satisfaire vos goûts et acheter différentes curiosités qui ne se trouvent pas ailleurs. — Ah ! mon ami, quand nous avons quelque argent à notre disposition, il vaut bien mieux donner du pain à de pauvres malheureux que de nous donner à nous-mêmes ces bagatelles inutiles. »

Xili, qui nous apprend ici lui-même quelle était sa légèreté au temps où il commença à se lier d'amitié avec Sousi, se sentit peu à peu touché de la sagesse de ses discours, et entraîné ensuite par la force de ses exemples. Bientôt il s'appliqua uniquement à imiter un modèle dont la beauté le charmait ; il embrassa l'état ecclésiastique, et devint un prêtre édifiant. Lorsque Sousi eut vu son jeune ami dans la résolution de se donner sérieusement à Dieu, il parut redoubler pour lui de zèle et de tendresse ; il ne négligea rien pour lui prouver la sincérité de son attachement et lui faire ressentir les précieux avantages de l'amitié vertueuse. Il l'aida de ses conseils, et le soutint par ses bons avis ; il s'appliqua surtout à le prémunir contre l'inconstance naturelle aux jeunes gens, et contre les tentations de découragement, trop souvent funestes à ceux mêmes qui se sentent intérieurement appelés de Dieu à un genre de vie plus parfait. Un jour que Xili s'ouvrit à lui, et le consultait sur le choix d'un état, indécis sur tous, parce qu'il découvrait en tous des peines à essuyer et des dangers à courir : « Mon ami, lui dit Sousi, vous ne vous arrêterez sûrement au choix d'aucun état si vous prétendez en trouver un qui n'ait pas ses embarras et ses charges. Puisque notre Seigneur fut dans les travaux dès sa jeunesse, nous ne devons nous flatter d'arriver nous-mêmes au ciel que par le chemin des tribulations et par la patience qui nous les rend méritoires. » « Et, pour mieux me persuader ce qu'il me disait, ajoute Xili, il me conseilla de lire un chapitre de l'Imitation qui a pour titre : *De regiâ viâ sanctæ Crucis*, et de m'en faire l'application suivant les besoins de mon état. »

Cependant, comme Xili était toujours dans la perplexité sur sa vocation, sans qu'aucune considé-

ration pût le déterminer à se fixer, Sousi, au commencement d'une vacance, lui conseilla de consulter Dieu plus particulièrement sur cette affaire pendant les jours de loisir qu'il avait, et d'aller, pour cela, faire une retraite dans la maison de Saint-Lazare. Ce conseil parut d'abord fort sage à Xili, qui promit à son ami de le suivre ; mais, ayant imaginé ensuite y découvrir quelques inconvéniens, il en différa l'exécution, et il en écrivit à Sousi pour lui exposer les raisons de son délai. Il lui alléguait, entre autres choses, qu'il lui était venu en pensée que, s'il fallait faire une retraite à Saint-Lazare, il pourrait bien être tenté de ne plus sortir de cette maison et de s'y fixer pour la vie, et il semblait craindre de se voir entraîner par cette vocation. Voici la réponse que lui fit Sousi :
« Je suis bien fâché, mon cher ami, d'apprendre que vous ne soyez pas à Saint-Lazare, d'autant plus que les raisons qui vous détournent d'y aller devraient, tout au contraire, vous y engager. Et ne seriez-vous pas bienheureux si, en allant faire une retraite dans cette maison, vous découvriez que c'est l'endroit où le ciel veut que vous demeuriez ? Vous seriez alors tout entier à Dieu, l'unique objet auquel nous devrions nous attacher en cette vie, puisque nous ne sommes faits que pour lui. Ce motif ne doit donc pas vous détourner de vous rendre à Saint-Lazare, si vous pouvez y trouver place, et

je vous exhorte toujours à ne pas négliger ce moyen de salut. Souvent Dieu, dans la retraite, répand sur nous des grâces qu'il ne nous communique pas au milieu de la dissipation du monde, et quelquefois notre salut dépendra de dix jours que nous aurons employés à chercher Dieu véritablement. Vous en ferez, mon cher ami, comme votre prudence vous le dictera, mais ayez soin de consulter là-dessus le Seigneur : la matière est assez importante. Pour moi, je vous avoue qu'en votre place, je ne laisserais pas échapper cette heureuse occasion, qui ne reviendra peut-être jamais pour vous, et que vous pourriez regretter un jour inutilement. Dans le fond, il est bien difficile que nos études et les occupations qui nous dissipent dans le courant de l'année nous laissent le temps et la liberté de faire d'assez sérieuses réflexions sur nous-mêmes, de comparer la brièveté de la vie présente aux profondeurs de l'éternité ; et cependant il est absolument nécessaire de nous pénétrer une bonne fois de ces grandes vérités, si nous ne voulons pas nous laisser entraîner au torrent, si nous voulons résister aux occasions qui se présentent de tous côtés pour nous séduire. »

Cette lettre était trop pressante pour ne pas produire son effet sur l'esprit de Xili. Sans délibérer davantage, il se rendit à Saint-Lazare pour y faire sa retraite, et il en profita. A peine l'eut-il achevée qu'il alla trouver son ami pour le remercier du bon conseil qu'il lui avait donné. Il lui avoua néanmoins qu'il lui était survenu quelques inquiétudes qui n'étaient pas encore entièrement dissipées : « Tant mieux, mon ami, lui dit Sousi, car les tentations que le démon vous a suscitées pendant votre retraite sont une preuve qu'il voyait avec dépit le fruit que vous retiriez de cet exercice ; et c'est une autre de ses ruses de chercher encore aujourd'hui à vous troubler et à vous jeter dans le découragement pour empêcher l'effet des bonnes résolutions que vous avez formées. »

Cette retraite acheva de changer Xili en un homme nouveau. Il aimait la vertu auparavant, il la pratiqua depuis avec ferveur et persévérance, au point de mériter que Sousi lui donnât cette marque particulière de sa confiance : « Je sais, lui dit-il un jour, combien vous m'êtes attaché : c'est ce qui m'engage à vous prier, par l'amitié qui nous unit, de m'avertir sans détour et hardiment de tous les défauts que vous remarquerez en moi ; je vous déclare que c'est à cette franchise que je reconnais mes vrais amis. »

Sousi, en faisant un devoir à ses amis de lui faire connaître ses défauts, ne manquait pas de leur rendre à son tour ce bon office. Il les avertissait charitablement de tout ce qu'il croyait pouvoir leur être de quelque utilité, surtout dans l'ordre du salut. C'est ainsi qu'il reprenait assez souvent Xili, dans ses conversations ou dans ses lettres, du penchant qu'il avait à dire de ces choses obligeantes qui ne sont que des flatteries insidieuses pour ceux auxquels elles s'adressent. « Songez donc, lui disait-il, que quand vous donnez des louanges à quelqu'un en sa présence, vous lui tendez un piége, et l'exposez à la vanité. » Et dans une lettre qu'il lui écrivait : « J'ai un reproche à vous faire, lui dit-il, sur la manière dont vous m'écrivez, et qui n'est dans l'ordre sous aucun rapport. Vous saurez, par exemple, qu'un homme de ma qualité, puisque ce sont vos termes, n'est pas plus que le dernier des pauvres ; nous sommes tous hommes, et Dieu, dont le jugement doit régler le nôtre, ne met aucune différence entre l'homme de qualité et le pauvre ; je me trompe, il en met une ; et le pauvre est plus grand à ses yeux que l'homme de qualité. Je vous prie donc, mon ami, de rayer de vos papiers ces sortes de complimens, et d'être bien persuadé que vous ne me ferez jamais plus de plaisir que quand vous en userez plus amicalement avec moi. »

Un des moyens qu'employait volontiers Sousi avec

ses amis pour grossir le trésor de ses mérites et s'animer de plus en plus à la piété, c'était de leur proposer d'offrir à Dieu pour lui quelques bonnes œuvres, une prière, par exemple, un acte de mortification, une communion, avec promesse de faire réciproquement la même chose pour eux. C'était là, disait-il, un excellent commerce, par lequel on s'enrichissait également et de ce que l'on donnait aux autres, et de ce qu'on recevait d'eux. « J'avais fait avec lui, dit l'abbé de Flamanville, une convention dont tout l'avantage était pour moi. Nous nous étions réciproquement promis part commune à tout le bien que l'un ou l'autre ferait pendant sa vie, et secours après la mort. Nous ratifiâmes ce pacte d'amitié un jour de la Nativité de la sainte Vierge. Il m'offrit à Dieu, je fis la même chose de mon côté, et nous renouvelions notre offrande mutuelle à toutes nos communions. » Je lis, en effet, dans une des lettres de Sousi à son ami : « Accordez-moi toujours part de frère dans vos prières et bonnes œuvres, et comptez sur ma fidélité à faire la même chose ; je dois communier demain pour vous et pour moi. »

XI

Ce n'était pas seulement à ses amis que Sousi savait inspirer la piété et faire aimer la vertu, toutes les relations qu'il avait au-dehors devenaient une source d'édification pour ceux qui avaient l'avantage de le connaître et de l'approcher. On ne pouvait le voir sans admirer sa vertu, ni le voir souvent sans se sentir touché de quelque désir de l'imiter. Sa seule présence persuadait mieux la piété que n'eussent pu faire les discours des autres ; son caractère droit et franc, sa candeur, son ingénuité, un ton aisé de bonne éducation et, plus que tout cela encore, un fonds inépuisable de charité pour le prochain lui conciliaient une estime générale et lui gagnaient tous les cœurs.

Le premier degré de sa charité, c'était de se tenir en garde contre ce qui eût pu blesser, le moins du monde, les personnes avec lesquelles on s'entretenait, ou dont il entendait parler. Il avait pour principe invariable de prendre la défense des absens qu'on accusait, et de ne jamais applaudir aux torts qu'on leur attribuait, eût-on prétendu qu'ils fussent de la plus grande notoriété. Ses amis, Flamanville et Xili, avouent que quelquefois, en lui parlant de certains faits d'une publicité scandaleuse, ils auraient cru l'avoir mis dans une sorte de nécessité de blâmer les personnes qui en étaient convaincues ; mais ils ajoutent que, dans ces occasions mêmes, il avait encore le talent de tourner les choses du côté le moins défavorable, et de manière à ne blesser en rien la charité chrétienne, et à leur offrir à eux-mêmes une leçon. « En toute ma vie, dit l'abbé de Flamanville, je ne lui ai ouï dire aucun mal de qui que ce soit, pas même rapporter ses défauts connus. Sa délicatesse à ménager la réputation du prochain était si grande qu'elle m'a donné lieu de remarquer en lui les deux traits suivans, qu'il faudrait cependant juger avec bien de la sévérité pour y trouver de la médisance. Lorsque M. Xili commença à se donner plus sérieusement à Dieu, il me dit en confidence : « Priez bien Dieu, je vous en conjure, pour notre ami Xili : il est bien changé depuis qu'il a fait une retraite. » Et une autre fois, c'était au commencement de sa maladie, il me parla de l'ordonnance de son médecin, qui lui prescrivait de faire gras les jours maigres, et me rendit compte de la visite qu'il venait de lui faire, en ces termes : « Mon médecin sort d'ici ; il m'a dit : Je vois avec plaisir que votre pouls va mieux. Le bon homme a cru me l'avoir tâté, mais je vous assure qu'il n'en a rien fait. » Ce sont là les plus grandes médisances qu'offre la vie entière de Sousi. »

Autant le charitable jeune homme était attentif à ne jamais parler des autres en mal, autant il marquait d'empressement à en dire du bien lorsqu'il en trouvait l'occasion, et le bien qu'il disait, il le pensait toujours. Ses yeux, si clairvoyans sur ses moindres imperfections, étaient fermés sur les défauts des autres, quelquefois les plus grossiers. On aurait cru, à l'entendre, que tout le monde, excepté lui, était parfait. Si on le mettait dans le cas de se comparer avec quelqu'un, il ne le faisait qu'en plaçant bien au-dessus de lui celui dont il parlait. Il ne lui suffisait pas de dire du bien d'une personne, il le faisait toujours au superlatif : ce condisciple était un *très-bon esprit*, celui-ci un *très-bon ami*, cet autre un garçon *très-sage*. Il parlait à peu près sur le même ton des autres personnes de sa connaissance. Les domestiques mêmes, ceux de son père, comme ceux du collége et des maisons qu'il fréquentait, étaient tous des sujets précieux, les uns pour leur adresse, les autres pour leur discrétion, ceux-ci pour leur simplicité; et les moins recommandables l'étaient du moins par leur fidélité. « Il n'y avait pas, dit l'abbé de Flamanville, jusqu'à son frère Maurice, qui ne laissait échapper aucune occasion d'exercer sa patience, et surtout de venir nous importuner toutes les fois que nous étions ensemble, qui ne lui parût mériter ses attentions les plus marquées et presque son respect, par la raison qu'il était son aîné. Celui-ci, en vertu de son droit d'aînesse, lui donnait quelquefois des ordres que des domestiques mêmes auraient été bien simples d'exécuter, et il s'empressait de lui obéir. J'ai souvent admiré l'égalité d'âme et la patience invincible qu'il montrait à son égard, dans les occasions où il me semblait qu'il eût été bon, pour sa tranquillité, qu'il fît du moins semblant de se fâcher. »

Ce n'est pas, sans doute, comme nous l'avons assez remarqué, que Sousi fût ni de ces esprits bornés qui ne voient pas loin, ni de ces caractères apathiques que rien n'affecte vivement ; personne ne montrait en tout plus de pénétration et de discernement, et il se distingua toujours de ceux de son âge par les qualités de son esprit. Mais, dans le commerce qu'il avait avec eux, il semblait oublier la supériorité de son esprit pour ne faire usage que de la bonté de son cœur, si toutefois on ne peut pas dire que ce soit faire preuve d'un excellent esprit que de faire servir ainsi celui qu'on a à procurer de nouveaux suffrages à la vertu. Il eût été difficile, en effet, de ne pas se rendre enfin aux procédés honnêtes et aux exemples pleins de douceur et de modération qu'offrait Sousi, et nous verrons que l'impression qu'ils firent sur son frère Maurice, pour avoir été différée de quelques années, n'en fut que plus durable. Ce jeune étourdi, aujourd'hui sans réflexion, deviendra un grand serviteur de Dieu ; son changement sera frappant, et il reconnaîtra lui-même qu'il le doit aux bons exemples et aux vertus touchantes de son frère.

La modestie de Sousi égalait son mérite et relevait infiniment le prix de ses bonnes qualités. Quoique fort instruit pour son âge, et parlant avec beaucoup de facilité, on ne le voyait point, dans une compagnie, s'emparer de la conversation, et encore moins chercher à y primer et à faire valoir la supériorité de ses connaissances. Il écoutait toujours plus volontiers qu'il ne parlait. Il ne se serait pas permis d'interrompre un condisciple, ni même un inférieur, dans la conversation. Au contraire, si quelqu'un, lorsqu'il parlait lui-même, prenait la parole, il se taisait aussitôt pour l'écouter ; et cette incivilité, que la légèreté, autant que le défaut d'éducation, rend ordinaire aux jeunes gens, il paraissait aussi attentif à la respecter dans les autres qu'il était sévère à se l'interdire à lui-même.

Personne n'aimait autant à obliger que Sousi : c'était lui offrir une jouissance que de le mettre à portée de rendre un service. Il le faisait souvent sans en avoir été prié. Mais en cela, comme en tout le reste, les sentimens de son cœur étaient toujours épurés par des motifs surnaturels. Ayant su qu'une personne infirme et d'un caractère assez bizarre aimait à s'entretenir avec lui, il lui faisait de fréquentes visites, quoiqu'il ne pût se promettre que beaucoup d'ennui pour prix de sa complaisance. Il n'était rien qu'il n'eût été disposé à faire pour épargner le moindre chagrin au moindre des hommes. « Un jour, dit l'abbé de Flamanville, que je le trouvai occupé à décrotter ses souliers, je lui en marquai quelque surprise, parce qu'il avait un valet de chambre pour le servir : C'est, me répondit-il, parce que *Content* (c'était le nom de ce domestique) serait grondé si on s'apercevait de la malpropreté de mes souliers. Je suis bien aise de lui épargner ce désagrément. »

Mais où la charité de Sousi se développait dans toute son activité, c'était lorsqu'il s'agissait de porter un condisciple à la vertu, ou de le ramener de quelque égarement. Il commençait par le recommander à Dieu par ses prières et ses communions. Il mettait ses amis dans le secret de sa pieuse entreprise, et il concertait avec eux les moyens les plus propres à la faire réussir. Il faisait naître l'occasion de se trouver avec le jeune homme. S'il n'habitait pas le collége, quelqu'un se chargeait de le lui amener, et c'était sans peine qu'on le déterminait à une démarche qui devait lui procurer l'avantage de faire connaissance avec le fils d'un ministre. Sousi faisait l'accueil le plus gracieux à celui qu'on lui présentait; et, dès la première entrevue, il ouvrait son cœur à la confiance par des manières pleines de douceur et de franchise. Dans une seconde visite, il invitait celui qui le venait voir à en agir avec lui comme avec un ami, et lui-même, de son côté, ne le voyait plus que sous ce rapport. Bientôt il lui parlait de l'abondance de son cœur, il l'entretenait du bonheur d'une jeunesse passée dans l'innocence. C'est aux cœurs vertueux qu'il appartient de parler dignement de la vertu, et les lèvres pures ont une grâce merveilleuse pour la rendre aimable. Sousi en relevait si bien les avantages ; il parlait avec tant d'onction de la douce paix qu'elle porte dans une âme ; il la peignait enfin avec tant de charmes et sous des traits si touchans ; qu'il forçait au repentir celui qui avait eu le malheur de l'abandonner. Suivant ce qu'on lui avait fait connaître des besoins de chacun de ceux avec qui il traitait, à l'un il faisait voir les suites souvent funestes des liaisons inconsidérées, à l'autre le danger des spectacles, à celui-ci le danger plus grand encore de la lecture des mauvais livres, à tous enfin le malheur d'une âme égarée par ses passions et séparée de son Dieu.

Sousi devait trouver parmi ses condisciples peu de cœurs insensibles à ces tendres empressemens de sa charité pour eux, il en trouva cependant quelques-uns ; mais, comme, en tout ce qu'il faisait, il n'avait pour but que de plaire à Dieu, qui juge l'intention et qui la récompense plus que le succès, on le voyait toujours d'une humeur égale, soit qu'il eût réussi ou non dans ce que son zèle lui avait fait entreprendre ; ou plutôt il croyait toujours avoir réussi dès qu'il avait cherché à procurer la gloire de Dieu et le salut d'une âme. Jamais on ne l'entendait ni blâmer personne, ni se plaindre de personne, pas même de ceux qui refusaient d'écouter ses conseils les plus sages, ou de se rendre à ses invitations les plus pressantes. Dans aucune occasion sa douceur et sa modération ne l'abandonnaient. Avait-il à traiter avec des esprits difficiles et des caractères opiniâtres, sans contester avec eux, sans prétendre les subjuguer de force, et content de leur avoir montré la raison qu'ils blessaient, ou la vertu dont ils s'écartaient, il laissait à Dieu le soin de les y ramener, et il priait pour eux.

Dans des dispositions si sages et si chrétiennes, Sousi ne trouvait ni désagrémens fâcheux ni obstacles insurmontables dans l'exercice de sa charité ; et plus d'une fois il ramena, par sa seule présence, ceux qui avaient commencé par insulter à son zèle. Il craignait jusqu'à l'ombre de l'inimitié ; il ne comprenait pas comment on pouvait avoir un ennemi.

Un jeune homme avec lequel il était lié depuis longtemps, et qu'il avait mis dans sa confidence la plus intime, lui manqua de fidélité, et alla jusqu'à trahir le secret des pieux artifices qu'il employait pour attirer ses condisciples et les porter à la vertu, ce qui déconcerta ses mesures et fit échouer plusieurs projets dont il pouvait se promettre la réussite. Ses amis, dans cette occasion, et Xili surtout, lui conseillaient de rompre tout commerce avec celui qui avait été capable d'un tel abus de confiance ; mais ce fut en vain ; et, en convenant que ce jeune homme, qu'il appelait indiscret, et que les autres appelaient perfide; lui avait causé une des plus grandes peines qu'il pût ressentir, il ajouta : « Il faut nous soumettre à la Providence, qui a permis qu'il fit ce qu'il a fait ; je ne veux lui marquer ni ressentiment ni froideur, et, par la grâce de Dieu, je continuerai à en user à son égard avec la même cordialité qu'auparavant. » Et comme il savait, ajoute Xili, qui rapporte ce trait, que j'avais des sentimens bien différens des siens, il me conjura de les déposer et d'en agir comme par le passé avec celui qui nous avait trahis. C'est ainsi que Sousi se vengeait du mal par le bien. Rien n'était capable d'altérer sa charité ; rien non plus ne pouvait dégager son zèle pour la sanctification des âmes, et, dans cette circonstance, les mesures qu'il avait prises pour attirer ses camarades à la vertu ayant été rompues, il en concerta de nouvelles que son ingénieuse charité sut rendre encore efficaces.

XII

Le bien que fit Sousi parmi les étudians de l'Université de Paris ne fut nulle part plus étendu ni plus marqué qu'au grand séminaire de Saint-Sulpice, quoique sa modestie ne lui eût jamais permis de le croire. C'était en venant y chercher lui-même des leçons de vertu qu'il en donnait les plus touchans exemples. M. Tronson, alors supérieur-général de la Congrégation, ayant vu le jeune homme, dont il avait déjà ouï parler, jugea, dès le premier entretien qu'il eut avec lui, que sa réputation n'égalait pas encore sa vertu ; il le dit à l'abbé de Flamanville, qui le lui avait présenté, et l'engagea à l'amener le plus souvent qu'il pourrait au séminaire, persuadé que sa présence y serait de la plus grande édification pour ceux qui l'habitaient. Sousi, en effet, ne leur parlait que du bonheur qu'ils avaient de vivre loin des scandales du monde, dans une maison où tout leur parlait de Dieu et les rappelait à la vertu, où, sans inquiétude, et n'ayant à s'occuper que d'eux-mêmes, la seule bonne volonté suffisait pour leur garantir le bon emploi de leur journée, dont tous les instans, soumis à une règle sage, répondaient à des devoirs précieux, et étaient consacrés par l'obéissance. Tout ce qu'il disait faisait impression, parce qu'il ne disait que ce qu'il sentait vivement ; et c'était avec autant d'étonnement que d'intérêt qu'on entendait un jeune laïque apprécier si bien les avantages de la vie de retraite qui prépare au sacerdoce. L'abbé de Flamanville assure qu'il a connu plusieurs jeunes gens qui, dans les commendemens de leur arrivée au séminaire, s'y ennuyaient au point d'en regarder le séjour comme insupportable et de songer à le quitter, mais qui, après avoir entendu Sousi envier si sincèrement leur sort, commençaient à l'envisager eux-mêmes avec d'autres yeux, bannissaient l'ennui, étudiaient mieux leur vocation, et ne songeaient plus qu'aux moyens d'y répondre.

Sousi avait sur l'état ecclésiastique tous les sentimens que peut en inspirer une connaissance approfondie par la foi. Il croyait voir dans un prêtre l'image vivante de Jésus-Christ ; il lui supposait toutes les vertus de son divin modèle; il n'imaginait pas même qu'on pût être autre qu'un saint quand on aspirait à la dignité sacerdotale : aussi marquait-il aux plus jeunes tonsurés, qui habitaient le séminaire, un respect singulier, et qui eût suffi pour leur faire sentir combien ils devaient respecter eux-mêmes le saint état auquel ils étaient initiés. Ce sentiment, fruit de sa grande foi, était en lui si sincère et si vrai qu'on en était pénétré en le lui voyant quelquefois exprimer. Un jour qu'étant au séminaire, il avait été voir l'abbé de Robien, alors sous-diacre, celui-ci, lorsqu'il sortit de sa chambre, prit un flambeau pour l'éclairer sur l'escalier, et le reconduisit malgré lui jusqu'à la porte. La première fois que Sousi vit l'abbé de Flamanville, il lui parla de ce qu'avait fait l'abbé de Robien, comme d'un étrange renversement d'ordre. « Et sur ce que je lui dis, continue l'abbé de Flamanville, que ce n'était pas là un grand malheur, et que l'abbé de Robien n'avait fait que son devoir : «Eh quoi! mon ami, reprit-il, vous croyez qu'il était dans l'ordre qu'un sous-diacre, député par l'Église pour porter les vases sacrés à l'autel, portât un flambeau devant un laïque, et devant moi. Je vous assure que cela me paraissait une chose honteuse qui blessait toutes les bienséances, et qui devait m'humilier. »

Quoique Sousi, dans sa profonde humilité, n'osât aspirer lui-même au sacerdoce, il parlait toujours avec complaisance du bonheur de ceux que le ciel favorisait de cette vocation sublime. Aucune situation ne lui paraissait comparable à celle d'un jeune homme que l'esprit de Dieu conduit au séminaire avec le désir d'y travailler à sa perfection, et l'espérance de devenir un jour, par ses travaux, le coopérateur de Jésus-Christ dans l'œuvre de la rédemption du monde. Ses réflexions à ce sujet en faisaient faire de salutaires à tous les ecclésiastiques du séminaire, aux plus réguliers d'entre eux et aux prêtres mêmes. « Je me souviens, dit l'abbé de Flamanville, qu'un des plus fervens et des plus anciens de la maison me disait, en me remerciant : Amenez-nous donc souvent M. de Sousi ; car je vous assure que, depuis dix ans que j'habite le séminaire, rien de tout ce que j'y ai vu et entendu n'a parlé à mon cœur comme les discours et la piété de ce saint jeune homme. »

Dès qu'une fois il eut été connu dans le séminaire, c'était une vraie fête quand on pouvait l'y posséder, et chacun se disputait l'avantage de le voir et de l'entendre. Il n'y faisait d'abord ses visites qu'au temps des récréations; mais, dans la suite, ses amis lui ayant dit qu'il pourrait bien, certains jours de fêtes particulières à la maison, y passer la journée entière, et que cela ne pourrait que faire plaisir au supérieur, il accepta leur offre avec reconnaissance et comme une faveur singulière. Ces jours étaient pour lui les plus beaux de sa vie. Il suivait alors tous les exercices de la communauté, et la règle d'un séminaire lui paraissait une règle douce. Il édifiait partout dans cette maison édifiante, mais surtout à la chapelle. C'est là que son attention à contenir tous ses sens, son profond recueillement pendant les offices, l'ardeur sensible de la dévotion qu'il portait à la sainte table, tout son extérieur, en un mot, annonçait les saintes dispositions de son âme, et aurait touché le cœur le plus indifférent.

C'était partout, au reste, que Sousi, aux pieds des autels, offrait le spectacle d'édification qu'il donnait dans la chapelle de Saint-Sulpice. « Ce fut de lui, dit l'abbé de Flamanville, que j'appris la manière dont on doit se comporter dans le lieu saint. Lorsque je l'accompagnais à Joui, j'avais soin de me porter à

Sousi. 6

l'église dans un endroit d'où je pouvais l'apercevoir. Il me suffisait de jeter les yeux sur lui pour me sentir efficacement porté au recueillement, et les religieux de cette abbaye m'ont également assuré qu'ils n'éprouvaient jamais plus d'ardeur dans la prière que lorsqu'ils le voyaient à l'église. »

Une seule chose faisait de la peine à Sousi lorsqu'il allait au séminaire : c'était de voir qu'on y eût pour lui quelques attentions particulières. Il souffrait beaucoup, par exemple, lorsqu'au réfectoire on ajoutait quelque chose pour lui à la portion ordinaire des séminaristes. Il se croyait déjà trop honoré d'être assis parmi des ecclésiastiques, et admis, comme il le disait quelquefois, dans la société des Saints ; il ignorait que personne n'était plus digne que lui de figurer dans une telle société. Mais son erreur sur son mérite ne trompait que lui seul, et chacun disait qu'il ne lui manquait que l'habit de l'état ecclésiastique, dont il avait déjà toutes les vertus.

XIII

Son zèle surtout pour le salut de âmes était sans bornes, et pourrait être proposé pour modèle à ceux qui sont chargés d'y travailler par état. Nous avons déjà vu avec quelle ingénieuse charité, après avoir gagné la confiance des jeunes gens de son âge, il s'appliquait à leur inspirer l'amour de la vertu, il s'imagina bientôt d'étendre plus loin son zèle, et ceux qui, après ses condisciples et ses amis, lui parurent le plus digne objet de ses soins charitable, ce furent les enfans des pauvres et les plus abandonnés d'entre eux. Attirés, les uns par ses aumônes, d'autres par le désir de s'instruire, un nombre de ces enfans, tous ramoneurs de cheminées, se rendaient tous les jours au collége de Reims et se rassemblaient, suivant le rapport de Xili, au coin de la cour, derrière la classe de physique. Sousi, en sortant de classe, allait les trouver, leur faisait réciter la leçon du catéchisme qu'il leur avait enseignée la veille, la leur expliquait, et s'assurait, en les interrogeant, qu'ils l'entendaient. Avant de les congédier, il leur faisait à tous une aumône, plus forte à ceux qui l'avaient le mieux satisfait. Il payait quelque chose aux plus grands et à ceux qui savaient lire, pour qu'ils se donnassent la peine d'instruire les plus petits, et il mesurait sa libéralité sur les progrès de ceux dont il leur avait confié l'instruction. C'est par ces soins, et en prenant ces mesures, qu'il apprenait à ces pauvres enfans à connaître le prix de leur âme, à sanctifier leurs travaux, à s'unir à Dieu par la prière. Il ne les abandonnait pas qu'il ne les eût mis en état de faire avec fruit leur première communion, et de sentir l'importance et le besoin des grâces que les sacremens communiquent.

Ce qu'il pratiquait au collége de Reims s'établit

encore par ses soins dans celui de Laon; et Dieu bénit si visiblement son zèle en faveur de ces enfans, jusqu'alors abandonnés, qu'après lui ils ne le furent plus. On vit toujours, depuis ce temps-là, dans la capitale, non pas, à la vérité, des étudians et des laïques, mais des ecclésiastiques, héritiers de sa charité, qui prirent un soin particulier des petits ramoneurs, connus sous le nom de Savoyards; et aujourd'hui le séminaire des Missions étrangères et plusieurs paroisses leur offrent des instructions chrétiennes et des retraites.

L'instruction des pauvres était comme la dévotion privilégiée de Sousi; il tâchait de l'inspirer à ses amis, auxquels il rappelait l'exemple du Sauveur du monde, qui rassemblait les petits enfans auprès de lui, les bénissait et les instruisait suivant leur portée. « Il m'a engagé moi-même, dit Xili, à me charger d'instruire en particulier quatre de ces enfans, dont deux devaient faire leur première communion. Un autre jour que j'étais avec lui, une pauvre femme nous aborda pour nous demander l'aumône; elle conduisait alors deux enfans déjà assez âgés. Il lui demanda si elle avait soin de les élever chrétiennement, et s'ils savaient le catéchisme. Sur ce qu'elle répondit que non, il me chargea de leur chercher un maître d'école qui pût leur apprendre à lire et les instruire de la religion. Je remplis ses vues et les plaçai chez un maître auquel il paya jusqu'à sa mort ce dont j'étais convenu pour leur instruction. » Je lis dans une lettre que Sousi écrivait à l'abbé de Flamanville : « Si vous vous occupez du besoin spirituel des pauvres, comme je n'en doute pas, je vous conseille de lire le sixième chapitre de saint Luc; vous y trouverez une source d'instructions qui leur sont propres. Ce chapitre renferme tout ce qu'on peut dire de plus consolant à ceux qui souffrent ; et il me semble, d'après cela, que, quand on est dans l'affliction, on a bien plus sujet de se réjouir que de s'attrister. »

Toutes les occasions que trouvait Sousi d'instruire les enfans des pauvres des vérités du salut étaient précieuses à ses yeux ; il n'en laissait échapper aucune. Pendant le temps de ses vacances, qu'il passait à Joui, comme tous les enfans de la paroisse fréquentaient les instructions publiques, il s'informait quels étaient ceux d'entre eux qui avaient le moins de dispositions ; il les faisait venir chez lui pour leur donner des leçons particulières, et, par sa patience et sa douceur, il venait à bout de leur inculquer les principales vérités de la religion. C'était en s'efforçant de communiquer ainsi la science du salut aux enfans des pauvres que le pieux jeune homme se croyait obligé de marquer à Dieu sa reconnaissance pour la bonne éducation que sa providence l'avait mis à la portée de recevoir lui-même, en le faisant naître de parens aisés et vertueux.

Sousi ne bornait pas à l'instruction seule sa charité pour les pauvres, il leur faisait tout le bien qui dépendait de lui ; il leur donnait avec joie l'argent dont il pouvait disposer. Il ne se serait pas permis la moindre dépense de fantaisie, qu'il aurait regardée comme une espèce de larcin fait aux membres souffrans de Jésus-Christ. Si ses amis lui proposaient d'acheter quelques bagatelles, ou de se procurer quelques-uns de ces amusemens qui ont coutume de faire le plus de plaisir aux jeunes gens : « Rien ne me manque, disait-il, et mon superflu est le nécessaire des pauvres. » Il le leur distribuait sans aucune réserve. Il le faisait cependant avec discrétion. Ses aumônes ordinaires aux pauvres mendians, qui sont rarement les pauvres les plus à plaindre, n'étaient que d'un sou, à moins qu'ils ne lui parussent n'être pas des mendians de profession. Lorsqu'on lui faisait connaître des pauvres qui étaient dans un vrai besoin, il leur donnait jusqu'à six francs, et quelquefois même davantage. « Je me rappelle, dit son ami Xili, qu'un jour que je me promenais avec lui, une femme très-pauvrement vêtue l'aborda, et lui exposa sa misère, qu'elle assurait être extrême, et elle n'avait pas l'air d'en imposer. Elle devait, disait-elle, six écus de loyer de sa chambre, qu'on lui demandait avec instance, et qu'elle ne savait où trouver. Il la consola en lui donnant avec joie les six écus dont elle avait besoin. »

Tant que Sousi avait de l'argent, il faisait l'aumône à tous les pauvres; mais, ses ressources ordinaires une fois épuisées, il ne cherchait pas à s'en procurer de nouvelles, comme il aurait pu le faire en s'adressant à son père, qui ne lui refusait rien. Cet empressement, d'un côté, à soulager les pauvres, et, de l'autre, cette indifférence à augmenter les fonds de ses aumônes, étaient dans sa conduite une espèce d'énigme, dont un petit nombre de ses amis avait la clef : c'est que Sousi, en même temps qu'il aimait les pauvres, chérissait encore la pauvreté, qu'il était bien aise de pratiquer autant qu'il le pouvait, après avoir exercé la charité. Ainsi, lorsqu'après avoir distribué tout l'argent de ses menus plaisirs, un pauvre lui demandait l'aumône, il se consolait de l'impuissance où il était de la lui donner, par la pensée que cette situation lui donnait quelque ressemblance avec Jésus-Christ, l'ami des pauvres et pauvre lui même. La plupart des lettres qu'il écrivait à ses amis annoncent qu'il portait jusqu'à la perfection le détachement des richesses. Une des raisons pour lesquelles il enviait le bonheur de l'abbé de Flamanville, dans la résolution où il était de se dévouer aux missions étrangères, c'était, lui disait-il, « parce qu'il pourrait facilement pratiquer la pauvreté de Jésus-Christ, et que souvent même il serait dans la nécessité de le faire. »

Le soin qu'il avait d'étudier la doctrine comme la conduite de ce divin modèle lui avait inspiré plus que du mépris pour les richesses; il les redoutait comme un des plus grands obstacles au salut; et, lorsque son père fut fait contrôleur-général des finances, rien ne l'aurait consolé de cet accroissement de fortune et de crédit dans sa famille, s'il n'eût vu l'usage qu'en faisait ce vertueux ministre pour le soulagement de la classe la plus malheureuse du peuple.

Quoique né dans l'aisance et environné de la grandeur, Sousi n'avait jamais pu s'accoutumer à voir d'un œil tranquille le faste des grands et le luxe des riches, qu'il regardait, avec raison, comme une véritable insulte faite à une portion de l'humanité, et à Jésus-Christ lui-même. C'était une peine pour lui de se voir traîné en carrosse. Pour se dispenser d'y monter, il disait que l'exercice lui était bon pour sa santé, et qu'il se trouvait très-bien d'ailleurs à pied. « Vingt fois, dit Flamanville, il m'a fait l'aveu qu'il n'avait pas de plus grand plaisir que quand il pouvait venir à pied au séminaire. Quelle honte, me disait-il, que des chrétiens couvrent ainsi des bêtes de harnais précieux, au lieu d'habiller leurs semblables qu'ils voient tout nus ! » Le luxe et la magnificence qu'il voyait régner dans la capitale étaient pour lui des sujets continuels de réflexions sur l'abus des richesses et le danger de les posséder. Un jour que, se promenant avec Xili, il voyait passer une personne très-richement vêtue : « N'est-il pas vrai, mon ami, lui dit-il, qu'avec ce qu'on aurait pu retrancher du prix de cet habit, on aurait rassasié bien des pauvres qui, dans le moment présent, meurent de faim dans les greniers de Paris?... Ces malheureux, au jugement de Dieu, élèveront une voix bien terrible contre tous ces riches, dont le luxe insensé dévore leur substance. »

Ce n'était pas encore assez pour Sousi d'employer tous ces petits moyens au soulagement des malheureux, et tous ses soins à leur instruction ; comme il savait, par la foi, que Jésus Christ réside en la personne des pauvres, et tient pour fait à lui-même tout ce que la charité fait pour eux, il n'était pas de service qu'il ne fût disposé à leur rendre, et qu'il ne leur rendît avec joie lorsqu'il en trouvait l'occasion.

On l'a vu à Joui, pendant ses vacances, touché de compassion pour de pauvres enfans abandonnés, et qui portaient sur leur tête les marques visibles de leur misère, les attirer auprès de lui, et panser tous les jours de ses mains leurs plaies les plus dégoûtantes. « Cette œuvre de miséricorde, dit l'abbé de Flamanville, me rebutait d'abord et révoltait la nature en moi. Je ne me croyais d'ailleurs nullement obligé à la pratiquer ; mais enfin sa charité constante me reprocha ma lâcheté et triompha de mes répugnances, au point que j'en vins à faire comme lui. »

Toutes les fois que Sousi donnait une aumône aux pauvres ou qu'il leur rendait quelque autre service, il leur parlait avec une extrême bonté, et leur suggérait, en peu de mots, les moyens de tirer avantage, pour leur salut, de la condition où la Providence les avait placés. Un trait qui caractérise bien la perfection de sa charité, c'est ce que rapporte l'abbé de Flamanville : « Plein de défiance de ses propres lumières et craignant de se tromper jusque dans l'exercice des plus pures vertus, il eût souhaité pouvoir soumettre toutes ses actions à la prudence de son directeur. Il se confessait ordinairement le samedi soir en allant à l'hôtel d'Esfiat. Je lui dis qu'il devrait prendre ce temps, faute d'autre, pour conférer avec son confesseur sur les points qui pouvaient lui donner quelque embarras. « Oh! mon ami, me répondit-il, c'est ce dont je me garderai bien, car tous les samedis une multitude de bonnes femmes de la place Maubert environnent le confessionnal de M. Polot. Elles ont quitté leurs boutiques pour se rendre à l'église, et ne peuvent y rester long-temps sans perdre l'occasion de vendre leurs denrées. Si j'avais de trop longs entretiens avec mon confesseur, elles pourraient s'en retourner sans se confesser, et je dois préférer le salut de ces gens à ma consolation. »

XIV

Un jeune homme qui portait ainsi partout l'attention à faire du bien et le désir d'édifier avait, sans doute, bien moins à craindre que la plupart des jeunes gens de son âge des écueils qui se rencontrent dans le monde; Sousi néanmoins, toujours en garde contre sa propre faiblesse, ne craignait rien tant que de donner entrée dans son cœur à l'amour des choses de la terre : « Je vous prie, écrivait-il à un de ses condisciples, de m'accorder le secours de vos prières, dont j'ai besoin pour parvenir à un entier détachement du monde. » Il prenait des précautions infinies pour ne se laisser ni séduire par les exemples des mondains, ni ébranler par leurs maximes. Dans les visites indispensables qu'il faisait, il aimait à être accompagné de son frère Maurice, dont le caractère léger, et ennemi de toute contrainte, ne s'accommodait pas d'une longue séance au même endroit; et, comme il était charmé d'avoir quelque bien à dire de tout le monde, il disait de son frère qu'il avait le goût bien louable de ne pouvoir supporter de longs entretiens avec les gens du monde. Il se déchargeait ordinairement sur lui du soin de fournir à la conversation, et, après les complimens de civilité faits à la la compagnie, il ne parlait plus que quand on l'interrogeait. Il couvrait cette sage retenue du prétexte plausible qu'il convenait qu'il laissât parler son aîné. Cependant le monde dissipé disait qu'il pensait trop avant de parler, et trouvait fort aimable son frère Maurice, qui souvent parlait avant d'avoir pensé. Le silence que gardait Sousi dans ces occasions n'était pas oisif, et son ami Flamanville, qui s'en doutait bien, lui demanda un jour de quoi il s'occupait lorsqu'il se trouvait dans les grandes sociétés et obligé d'y rester quelque temps. « Pour ne pas m'y ennuyer, répondit-il, je m'entretiens avec le saint roi d'Israël. » Les Psaumes de David, qu'il savait par cœur, lui fournissaient, suivant les circonstances, la matière de ses réflexions. Était-il obligé de voir les pompes et les folies du siècle, il disait dans son cœur : *Averte oculos meos, ne videant vanitatem.* Entendait-il des discours peu chrétiens, il disait : *Narraverunt mihi fabulationes, sed non ut lex tua, Domine ;* se servant ainsi, en toute rencontre, des armes de la foi pour émousser les traits ennemis.

Quelque peu d'attention que donnât Sousi à la scène du monde, il était impossible qu'il n'en découvrît pas confusément le désordre ; mais sa piété lui faisait trouver matière d'édification dans ce qui était sujet de scandale pour les autres. « Le seul avantage, écrivait-il à Xili, qu'on puisse retirer du commerce du monde, c'est de considérer ses erreurs, et de penser combien il est difficile de s'y sauver. En effet, on n'y voit presque que des gens remplis de défauts et de vices, attachés aux biens de la terre, indifférens pour le salut, et qui vivent comme s'il n'y avait ni ciel à gagner, ni enfer à éviter... Oui, je vous assure que les gens du monde empirent tous les jours. Leurs sentimens et leurs discours annonceraient moins des chrétiens que des hommes qui se croient uniquement nés pour la terre. »

Il est un théâtre du monde plus brillant que tous les autres, et où il offre à ses amateurs des charmes plus piquans, c'est la cour ; et si quelqu'un peut y paraître avec agrément, c'est sans doute le fils d'un ministre respecté : cependant Sousi n'aimait pas à s'y trouver. Ce qui comblerait les vœux de tout autre jeune homme, un voyage à la suite du roi ne lui faisait pas plaisir ; la perspective de pouvoir être, à son arrivée, de tous les divertissemens de la cour n'était pas capable de l'éblouir. Je vois, au contraire, le sage et vertueux jeune homme craindre infiniment de faire un voyage de Fontainebleau, se déplaire ensuite et se croire comme exilé au milieu de tout ce qui peut affecter le plus agréablement les sens. Voici comment, sur le point de faire un de ces voyages, il en parlait à son ami Flamanville : « Je vous écris, mon cher ami, bien attristé de la nouvelle que j'ai apprise hier au soir, que nous partions demain pour Fontainebleau. Vous savez peut-être combien ce pays est dangereux, combien il est scandaleux, surtout pour une personne comme moi, que la moindre chose jette dans la dissipation. Encore, si je vous avais pour compagnon, je me mettrais à couvert à l'ombre de vos ailes ! Que nous serions heureux si nous pouvions passer à Joui le reste de nos vacances ! nous ne trouverions point de dangers dans cette belle solitude. Priez donc bien pour moi, mon cher ami ; vos prières m'attireront la bénédiction du Seigneur, dont j'ai le plus grand besoin, pour que ce voyage ne me soit pas plus nuisible que profitable ; de mon côté, je tâcherai d'employer la vigilance chrétienne ; car c'est dans ces occasions que nous devons être bien attentifs sur nous-mêmes, et fidèles à implorer le secours du ciel, sachant que c'est le moment où le tentateur fait plus d'efforts pour nous perdre, et en demande plus instamment à Dieu la permission : *Expetivit Satanas ut cribraret vos sicut triticum.* »

De retour de Fontainebleau, il récrivit à son ami : « Je vous ai mandé que nous devions faire ce malheureux voyage, malheureux assurément, puisque je devais y être témoin d'une si grande impiété de la part de tous les gens de ce pays-là. Mon frère Maurice ayant montré quelque envie d'aller à la messe du roi, mon père nous y envoya. Je n'ai jamais été plus surpris que de voir ce qui s'y passait. Imaginez-vous une église remplie de monde, mais où personne ne regarde ni le prêtre ni l'autel, où chacun cause comme dans une chambre, où tous les regards sont pour le roi, et l'oubli le plus insultant pour Dieu.

Mais en voilà assez sur ce scandale qui fait horreur. »

A peu près dans le même temps, Sousi faisait encore à son ami Xili le récit du même voyage en ces termes :

« Nous avons fait, depuis peu, le voyage dont je vous parlais dans ma dernière lettre. Dieu merci pour moi, il a été bien court, car nous n'avons demeuré que vingt-quatre heures à Fontainebleau. Il n'est pas nécessaire d'y demeurer plus long-temps pour connaître combien peu il y a de piété, et il en est de même partout où est la cour. C'est une oisiveté perpétuelle; toute la vie s'y passe à se divertir, à dormir et à jouer. On y entend la messe avec moins de dévotion que l'opéra, et le roi y est plus adoré que Dieu, voilà le pays. Ce portrait vous paraîtra chargé, car il est difficile d'imaginer comment des hommes faits pour se sauver, en imitant un Dieu qui a mené une vie si pauvre, si pénitente et si mortifiée, peuvent vivre ainsi; cela n'est cependant que trop vrai, mon cher ami : on vit à la cour comme s'il n'y avait point de salut à faire, point de mort à subir, point de Dieu. Aussi tout ce que peuvent faire les bons chrétiens, lorsqu'ils sont obligés de s'y trouver, c'est de considérer la bonté et la patience de Dieu, qui ne fait point éclater sa colère sur tant de gens qui le déshonorent tous les jours, et qui sont si rebelles à sa loi. »

XV

Parfait modèle de ferveur dans ses devoirs envers Dieu, et de sagesse chrétienne dans ses relations avec le monde, Sousi n'oubliait rien de ce qu'il se devait à lui-même, également fidèle à remplir les devoirs de son état, et attentif à orner son âme des vertus de son âge. Doué d'un bon esprit, il sentait vivement l'obligation d'en diriger toutes les facultés suivant les facultés du Créateur, et tout ce que sa raison lui découvrait de l'importance du service de Dieu, sa foi lui donnait le courage de l'accomplir.

Ce que nous avons déjà cité, et ce que nous citerons encore des lettres du vertueux jeune homme, confirme assez le jugement de M. Boivin, qui lui donne *un esprit très-cultivé*. Il avait aussi une mémoire des plus heureuses. Elle lui facilitait beaucoup l'étude des sciences : mais il aimait surtout à en faire usage pour se former à la science de la religion. Il savait par cœur les passages les plus remarquables du Nouveau Testament, et presque tous les Psaumes. Il parlait avec netteté et facilité sur les divers sujets sur lesquels on exerce l'esprit des jeunes gens. Il plaisait dans la conversation, et on aimait à l'entendre, moins encore peut-être parce qu'il disait bien que parce qu'on était assuré qu'il disait vrai, et que le mensonge ne souillait jamais ses lèvres. On remarqua qu'il parlait sobrement, soit qu'il cherchât à s'instruire par ce que disaient les autres, ou qu'il craignît de tomber dans des fautes inévitables à ceux qui parlent beaucoup. Il ne se livrait dans la conversation, et ne parlait avec vivacité, que lorsque, seul auprès d'un ami fidèle ou d'un condisciple qui lui devait son changement de vie, il les entretenait du bonheur de l'âme vertueuse et des doux charmes qu'elle goûte en Dieu.

Malgré sa grande facilité pour le travail, il s'y appliquait avec une constance infatigable. Il mettait de la suite à tout ce qu'il entreprenait ; il ne laissait point une question qu'il ne l'eût approfondie, ni une pièce d'esprit qu'il ne lui eût donné le degré de perfection qui dépendait de lui. Quoiqu'il n'eût à répondre de l'emploi de son temps qu'à son gouverneur, depuis long-temps son ami, il se serait reproché d'en avoir dérobé une minute à l'étude. Voyant l'ordre de Dieu dans l'ordre prescrit pour ses différens exercices, rien n'était capable de les lui faire perdre de vue, et, dès que l'heure de s'y livrer était venue, s'il était en compagnie, il se retirait à l'instant ; auprès de ses amis, il les quittait ; occupé de quelques amusemens, il les laissait. « Les seules occasions, dit l'abbé de Flamanville, où nous le vissions marquer un vif empressement, c'était lorsque l'heure de se retirer pour l'étude approchait. »

Le succès accompagne toujours les talens ainsi appliqués. Sousi fit des progrès si rapides dans l'étude des belles-lettres qu'à l'âge de quinze ans il avait fini sa rhétorique. Claude Le Peletier, son père, juge le plus compétent qu'il pût y avoir en cette matière, ne douta pas que son fils ne pût dès-lors entrer avec fruit dans la carrière des hautes études, et le succès justifia son attente. Sousi parut avec distinction en philosophie. C'était alors dans cette classe seulement que les jeunes gens de grande espérance commençaient à se faire connaître dans l'Université, qui n'avait pas encore établi ces prix généraux qui fixent aujourd'hui l'attention publique sur les talens précoces de ses élèves. Sousi, pendant son année de physique, à la fin de laquelle il mourut, avait été choisi par son professeur comme le sujet de sa classe le plus capable de lui faire honneur, en soutenant à la fin de son cours une thèse générale sur la philosophie.

L'étude de cette science, qui trop souvent dessèche le cœur en appliquant l'esprit, semblait être pour Sousi un nouvel aliment de sa piété. En considérant, d'un côté, ces recherches infructueuses de la vérité, ces disputes interminables de l'école, ces doutes et ces fluctuations éternelles des maîtres et des disciples sur certains objets de leurs études ; et, de l'autre, ces principes lumineux de la philosophie, sa marche certaine et ses heureuses découvertes, notre jeune philosophe concluait de ce contraste étonnant que le vrai sage est celui qui soumet humblement ses faibles lumières à la vérité éternelle pour ce qu'elle dérobe à sa curiosité, et qui lui offre le tribut de sa reconnaissance pour ce qu'elle daigne lui découvrir.

Ainsi Sousi, en s'instruisant dans la science qui fait les savans, ne perdait pas de vue celle qui fait les saints; et, tandis qu'attentif aux leçons de son professeur, il s'appliquait avec lui à surprendre les secrets de la nature, ou à contempler ses merveilles, il faisait une étude secrète des merveilles bien plus admirables de la grâce, sachant que, si Dieu permet à l'homme de s'élever par l'esprit jusqu'aux astres pour en deviner le cours, il prescrit comme un devoir au chrétien de descendre dans son cœur par la foi, pour en étudier et en régler les mouvemens.

Dans de si heureuses dispositions, les progrès qu'il faisait dans la vertu étaient frappans, ils étonnaient ses condisciples; mais ses amis particuliers n'en étaient qu'édifiés, sachant sous quel maître il étudiait la perfection chrétienne. « Mon ami, disait-il un jour à l'abbé de Flamanville, nous avons pour toutes les circonstances de la vie un modèle infaillible à consulter. Nous faut-il travailler ou prier, pratiquer l'obéissance ou quelque autre vertu pénible, rappelons-nous comment notre divin Sauveur remplissait ces devoirs, qu'il s'était imposés pour notre instruction, en se faisant homme pour notre salut. Si nous mangeons, si nous buvons, en travaillant et en nous reposant, considérons Jésus-Christ au milieu du monde; ou seuls dans notre chambre, dans nos délassemens et nos momens de joie, comme dans les peines et les tentations, en un mot, dans toutes les ituations où nous pouvons nous trouver, demandons-nous à nous-mêmes comment se serait comporté notre bon maître, et comportons-nous de même. Il ne s'est fait notre modèle qu'afin que nous soyons ses images. » Il n'est personne qui ne sente que toutes les vertus chrétiennes doivent venir se placer comme d'elles-mêmes dans le cœur d'un jeune homme, à côté de si beaux sentimens.

XVI

C'est à l'école du divin modèle, que Sousi étudiait ainsi en toutes choses, qu'il avait appris la douceur et l'humilité. Ces vertus, si précieuses dans tous les âges, faisaient l'ornement de sa jeunesse, donnaient un nouveau lustre à ses talens, et lui gagnaient tous les cœurs. On ne le vit jamais contester avec un condisciple, lui parler avec aigreur, se permettre un seul mot ni le moindre geste offensant. Si quelquefois il était provoqué par la pétulance et la vivacité des autres, il désarmait l'injustice ou la bizarrerie de leur humeur par la douceur de ses réponses. Il les forcait au repentir par le contraste des procédés honnêtes qu'il ne cessait d'opposer à l'impolitesse et à la grossièreté de leurs manières. Il aimait à publier les bonnes qualités et les vertus des autres, mais il ne parlait à personne des torts qu'ils pouvaient s'être donnés auprès de lui. Jamais on ne l'entendit former une seule plainte contre son frère Maurice, qui lui en donnait de si fréquens sujets.

Sa modestie égalait sa douceur. Quoique ses conversations, toujours édifiantes, fussent comme autant de leçons de sagesse pour ceux qui y avaient part, il était fort éloigné d'y mettre la moindre prétention, et de croire qu'il pût être le guide ou le modèle des autres. S'il parlait d'une vertu ou d'un défaut, c'était en donnant à entendre qu'il avait grand besoin d'acquérir l'une et de se corriger de l'autre. Les avis qu'il se donnait à lui-même, il laissait aux autres le soin de les prendre pour eux, et il réformait ainsi d'autant plus de défauts ou d'abus qu'il affectait moins le ton réformateur. Tout occupé à mériter les louanges, il ne savait pas les recevoir, et ne croyait jamais qu'il lui en fût dû ; aussi était-ce lui faire une vraie peine que de lui en donner. Il attribuait à un excès de charité les complimens et les propos flatteurs que lui attirait quelquefois la sagesse de sa conduite. Tantôt il les détournait adroitement, et d'autres fois il les écartait avec autant d'empressement que d'autres en ont pour repousser une injure. Un jour que son frère Maurice, sans faire attention qu'il pouvait être entendu de lui, racontait à l'abbé de Flamanville quelque trait de vertu dont il avait été édifié, Sousi s'avança à pas précipités pour mettre fin à leur entretien. « C'est peut-être la seule fois de ma vie, dit l'abbé de Flamanville, que je l'aie vu courir. »

L'humilité de Sousi était sincère et sans réserve. On la remarquait également dans ses discours, dans son extérieur et dans toute sa conduite. On peut se rappeler avec quelle exactitude il pratiquait l'obéissance, le fondement de cette vertu dans un jeune homme. Les talens qui le distinguaient parmi ses condisciples, loin de lui inspirer de la vanité, étaient pour lui le motif d'une crainte salutaire. « Ce sont, disait-il, des bienfaits gratuits de Dieu dont nous aurons à lui rendre compte. » Toutes les lettres qu'il écrivait à ses amis sont remplies d'expressions qui ne peuvent partir que d'un cœur vraiment humble et qui ne trouve sa sûreté que dans la défiance de lui-même. Tantôt il s'estime heureux que ses amis veuillent bien l'honorer de quelque confiance, tantôt il regrette de n'être pas auprès d'eux pour pouvoir profiter de leurs conseils, et s'édifier par leurs exemples. D'autres fois il les prie de l'avertir librement de ses défauts, qu'il croit être sans nombre, et, plus souvent encore, il leur demande le secours de leurs prières, afin de se soutenir au milieu du monde, où tout est danger pour une vertu aussi faible qu'il prétend qu'est la sienne.

Rien n'inspirait plus de crainte à Sousi que l'éclat des honneurs, écueil en effet le plus ordinaire de l'humilité chrétienne. « S'il apprenait, dit Xili, que quelqu'un eût été élevé à de grands honneurs, il jugeait que son sort était bien à plaindre ; et si, au contraire, il entendait dire qu'un homme, après avoir été grand dans le monde, était tombé dans la disgrâce : Dieu, disait-il, lui a fait une grande miséricorde. » Lorsque son père fut appelé au ministère, il en ressentit une véritable affliction, et ce sentiment se fit d'autant plus remarquer en lui qu'il contrastait davantage avec la joie de toute sa famille et les félicitations qui venaient de toutes parts au nouveau contrôleur-général. Quiconque n'aurait pas connu Sousi aurait été tenté de l'accuser de froideur envers son père, dans le temps même que son cœur était comme victime de l'affection pure qu'il lui portait. Quelqu'un, dans cette circonstance, lui ayant demandé pourquoi, lorsque tout était si riant autour de lui, lui seul paraissait être dans la tristesse : « C'est, répondit-il, parce que je ne puis m'empêcher de craindre que tous ces honneurs-ci n'exposent le salut de mon père. »

Un jour qu'il s'entretenait sur le même sujet avec l'abbé de Flamanville : « Il me semble, mon ami, lui dit-il, que nous perdons en forces ce que nous gagnons en hauteur : je ne me suis jamais senti plus chancelant que depuis l'élévation de mon père; » et, quelque temps après, il écrivit au même: « C'est avec chagrin, et un très-grand chagrin, que je me suis vu obligé de quitter Joui, notre chère solitude, pour me retrouver à Paris au milieu de mes importunités et du danger des honneurs. N'ai-je pas bien sujet de m'affliger? Je tremble de peur de perdre ici dans la dissipation le peu que je possède. Je tâche bien, autant que je puis, de me soutenir par quelques bonnes lectures; mais mes occupations habituelles ne m'en laissent pas toujours le loisir comme j'en aurais le besoin. Avant mon départ de Joui, je vous ai offert à la sainte Vierge ainsi que moi, et je souhaite que cette offrande nous soit utile à l'un et à l'autre. Oui, mon cher ami, je vous assure que j'ai besoin d'une surabondance de grâces pour ne pas me laisser éblouir par les honneurs, qui, quoiqu'ils ne s'adressent pas à moi, Dieu merci, ne laissent pourtant pas de me jeter de temps en temps tout leur venin, dont je ne puis me préserver que par le secours des prières que vous voudrez bien offrir au Seigneur pour moi, comme je ne cesse moi-même de lui adresser les miennes pour vous. »

Sousi, dans une autre lettre à son ami Xili, lui exprime à peu près les mêmes sentimens : « Je me recommande, lui dit-il, à vos bonnes prières, dont j'ai, en ce moment, plus besoin que jamais. Les honneurs de la terre sont si pernicieux qu'il faut être continuellement sur ses gardes, si l'on ne veut pas s'y laisser prendre. On s'attache insensiblement à ces vanités périssables, comme si elles étaient de vrais biens, et l'on oublie qu'il n'y a de bien véritable que celui qui est éternel. »

C'était, comme nous l'avons déjà dit, une des grandes peines de Sousi d'être obligé, pour obéir à ses parens ou pour leur complaire, de porter à certains jours de beaux habits, et d'avoir ses cheveux arrangés et poudrés comme les jeunes gens de son âge : « Il me témoigna cette peine, dit l'abbé de Flamanville, dès que j'eus fait connaissance avec lui. Il aurait désiré d'être vêtu, non pas simplement, mais pauvrement. Une de ses pratiques, pour honorer la pauvreté de Jésus-Christ, était de porter toujours sur lui quelque chose de vieux : quelquefois c'était du linge, lorsqu'il pouvait le faire, mais plus ordinairement des livres, comme ses heures et son Imitation. J'avais fait relier proprement un Nouveau Testament pour lui, il ne voulut jamais l'accepter, aimant mieux garder le sien, uniquement parce qu'il avait l'air pauvre. Une autre fois que je voulus lui donner une vie de M. de Renty, que j'avais double, je ne pus jamais non plus l'engager à prendre la plus neuve. C'est ainsi qu'il en usait en toute occasion. Il était charmé que son frère Maurice aimât à choisir, et ne lui laissât que ce qui valait le moins. Comme il était maître du choix de la couleur pour ses habits, il la prenait brune; mais, l'étoffe achetée, madame la présidente d'Argouges, sa sœur, se chargeait d'y faire mettre les ornemens. Un jour qu'il m'était venu voir avec un habit neuf, paremens or et noir, je lui dis, en badinant, que pour le coup c'était un monsieur d'importance : « Oh! mon ami, me répondit-il, avec cette aimable et douce gaîté qui lui était naturelle, je vois bien que cette vanité vous fâche, et vous avez raison; mais qu'y faire? Madame d'Argouges, qui prétend que je suis trop sérieux, s'est mis en tête que cette gentillesse me réjouirait; et, en vérité, il n'y a pas de quoi : l'âne à la belle housse n'en est pas moins un âne. »

7..

Nous ne voyons que trop souvent qu'un grand nom devient un sujet de folle vanité pour le jeune homme qui sait le moins en soutenir la gloire : le modeste Sousi eût voulu que tout le monde ignorât qu'il portait un des noms les plus respectés dans le royaume. Tout le mérite de son père et de ses ancêtres n'était pas plus son mérite à ses yeux que les beaux habits qu'on l'obligeait de porter n'étaient à sa personne ; aussi, bien loin de chercher à se produire à la faveur d'une considération héréditaire, il n'aimait rien tant que de se voir inconnu. Sa vertu même allait au point que c'était une vraie jouissance pour lui d'être non-seulement confondu, mais rebuté dans la foule. Il avait quelquefois éprouvé que son nom lui attirait des attentions et des égards qui fatiguaient sa modestie, il voulut s'en affranchir ; et, pour cela, il résolut de ne jamais se nommer aux personnes auxquelles il serait inconnu, dût-il lui en coûter des humiliations et des désagrémens. Il attachait tant d'importance à cette résolution qu'il aima mieux se priver un jour d'une communion que d'y manquer et de se faire connaître. Voici à quelle occasion : dans le dessein de se rendre à Saint-Sulpice, où l'on célébrait une faite particulière, il passa par le séminaire de Saint-Nicolas, pour demander la permission de communier ; n'ayant pas trouvé son confesseur, il alla à l'église, et s'adressa successivement à trois ecclésiastiques qui, sur ce qu'il leur avoua qu'il n'était pas de la paroisse, refusèrent d'entendre sa confession, et lui conseillèrent d'aller demander un confesseur à son curé. Le dernier, surtout, lui parla très-ouvertement, et lui dit que les bons chrétiens s'adressaient aux prêtres de leurs paroisses, et ne couraient pas ainsi pour trouver des confesseurs auxquels ils fussent inconnus. Sousi, sans être tenté de se faire connaître, reçut humblement cette réprimande ; et, bien loin qu'elle l'indisposât contre celui qui la lui faisait, il en conçut beaucoup d'estime pour lui. La première fois qu'il vit l'abbé de Flamanville : « Je ne suis pas surpris, lui dit-il, que Dieu répande tant de bénédictions sur la paroisse de Saint-Nicolas-du-Chardonnet, tous les prêtres y sont d'une merveilleuse exactitude : ils confessent assidûment leurs paroissiens, et ils donnent de bonnes leçons aux coureurs : cela est fort édifiant. Je devais recevoir l'humiliation que j'ai reçue, et je l'ai offerte à Dieu, au lieu de la communion que je n'ai pu faire. » « Peu de jours après cette aventure, continue l'abbé de Flamanville, le prêtre qui avait ainsi accueilli M. de Sousi, et qui se trouvait être de ma connaissance, me rencontra avec lui, le reconnut, et me demanda bonnement si je connaissais ce jeune homme. C'est, lui répondis-je, le fils de M. le contrôleur-général, qui m'honore quelquefois de sa visite au séminaire, et je lui dis ce que je pensais de lui. Comme M. de Sousi était passé quelques pas en avant, cet ecclésiastique voulait retourner pour lui faire ses excuses, mais je lui dis que je me chargeais de sa commission, et qu'il pouvait être bien tranquille sur les sentimens de M. de Sousi à son égard. »

XVII

Un si grand fonds d'humilité est tout à la fois le soutien comme l'indice d'une rare vertu, et l'on peut compter que celle même d'un jeune homme sera solide, dès qu'on la voit humble et circonspecte. C'était le caractère particulier de Sousi. Attentif surtout à éviter jusqu'aux moindres occasions qui eussent pu porter atteinte à l'innocence de ses mœurs, au milieu du monde et des scandales dont il était souvent témoin, il offrit dans tous les temps à ses condisciples le modèle de la plus parfaite retenue, et, par une suite naturelle, celui d'une chasteté angélique. C'était particulièrement à l'égard de cette vertu qu'il portait la crainte d'offenser Dieu jusqu'à cette frayeur salutaire dont l'Apôtre fait un précepte aux chrétiens ; c'était en vue de conserver son âme dans toute sa pureté qu'il oubliait la beauté de sa figure, qu'il préférait aux autres les habits les plus modestes, qu'il méprisait tous les vains ajustemens de la parure ; c'est par le même motif qu'il n'ouvrit jamais un livre qui lui fût suspect, qu'il ne fut jamais tenté de mettre le pied dans une salle de spectacle, « étonné, comme il le disait souvent, qu'il pût se trouver un seul chrétien dans un lieu qui retentit habituellement des outrages faits à la vertu. » C'était encore par la crainte qu'il avait de blesser la chasteté qu'il veillait sur tous ses sens, qu'il ne pouvait entendre sans douleur un propos libre ou équivoque, qu'il avait horreur des accens passionnés de la volupté, qu'il réprimait surtout la curiosité de sa vue, et que ses yeux fuyaient avec un égal soin la rencontre d'un tableau immodeste et celle de tout autre objet capable d'alarmer la pudeur.

Plusieurs traits rapportés dans les mémoires de l'abbé de Flamanville prouvent que la délicatesse de

Sousi en cette matière allait jusqu'au scrupule, disposition toujours louable lorsqu'il s'agit de conserver une vertu si précieuse, qu'un souffle peut ternir, et dont la perte anéantit toutes les vertus de la jeunesse. Une tante religieuse et deux sœurs mariées dans Paris étaient les seules femmes auxquelles Sousi fît des visites. Si, dans les sociétés qu'il était obligé de fréquenter, il se rencontrait des dames, après leur avoir fait le salut que la politesse exige, il laissait à d'autres le soin de converser avec elles, craignant moins le reproche d'être trop réservé que le danger de ne l'être pas assez. Dans deux occasions seulement nous le voyons parler à des femmes inconnues; ce sont deux pauvres femmes, c'est au milieu de la rue qu'il leur parle : à l'une, pour lui donner dix-huit francs qu'elle doit; à l'autre, pour lui dire qu'il se charge de payer le maître d'école qui apprendra le catéchisme à ses enfans. Dans sa maison même, Sousi ne voulait recevoir aucun service d'aucune femme, ni qu'elles entrassent jamais dans sa chambre. Pendant la maladie dont il mourut, et lorsqu'il avait un continuel besoin de secours étrangers, il ne voulait pas les recevoir de la main des femmes. Son fidèle valet *Content* faisait le service immédiat de sa chambre; et lorsque ce domestique ne put plus y suffire seul, le malade demanda qu'on fît venir un frère de la Charité pour le seconder.

Quand on examine de près la conduite de Sousi, on voit que tous ses soins et sa vigilance ont pour but spécial d'écarter tout ce qui pourrait porter la moindre atteinte à sa chasteté, et il semblerait que le nombreux cortége de ses autres vertus n'est destiné qu'à protéger celle-là. Mais, entre les moyens qu'il employait pour échapper aux divers écueils que la dépravation des mœurs offre à l'innocence, il en est peu, après le fréquent usage des sacremens, auxquels il paraisse s'être attaché avec plus de confiance qu'à la fuite des occasions et à la pratique de la mortification chrétienne. Le séjour dans le grand monde lui était insupportable, et c'était sur le théâtre le plus riant, aux yeux des jeunes gens dissipés, qu'il craignait le plus lui-même de se trouver. Sa vertu ne respirait qu'en tremblant au milieu d'un air toujours contagieux, et son cœur ne pouvait goûter un instant de joie pure où il voyait que Dieu était oublié et si souvent offensé : aussi ne désirait-il rien tant, lorsqu'il n'était pas au collége, que de quitter Paris pour aller à l'abbaye de Joui. Il faisait toujours ce voyage avec un nouveau plaisir, quoique jamais pour son plaisir, à moins qu'on ne veuille appeler ainsi son contentement dans le travail, et les exercices de la vie chrétienne dont il s'occupait alors uniquement. Le temps qu'il n'employait pas à étudier dans sa chambre ou à prier à l'église, il le passait dans une forêt qui avoisine l'abbaye. C'est là que, s'enfonçant dans les allées solitaires, libre d'exprimer à Dieu les tendres affections de son cœur, il goûtait le doux plaisir de converser seul avec lui seul. Tantôt il exerçait sa mémoire en apprenant un psaume, tantôt il faisait une lecture ou bien il récitait une prière. S'il était avec son ami Flamanville, il parlait de Dieu ; seul, il parlait à Dieu ou il écoutait dans le silence ce que Dieu disait au fond de son cœur. Tous les objets qui s'offraient à ses regards, dans cette agréable solitude, fournissaient à sa piété la matière d'un sacrifice continuel de louanges. Au-dessus de lui, le soleil, dans sa course majestueuse, lui peignait le Créateur, qui embrasse tous les êtres et les temps dans son immensité; à ses pieds, la plus petite fleur, le moindre insecte annonçait sa puissance féconde, qui semble se jouer en produisant des merveilles. L'ombrage qui le couvrait lui retraçait cette bonté plus que paternelle, toujours prête à protéger l'homme, son ouvrage, dans les dangers qui l'environnent. Le chant des oiseaux lui rappelait cette providence attentive qui pourvoit à tous les besoins du genre humain, comme à la nourriture de ces petits êtres sans prévoyance. Si le vent agitait les feuilles et les arbres de la forêt, il se figurait le malheur de ces âmes frivoles et légères, jouet de leur inconstance, et sans cesse agitées par le souffle orageux des passions. Dans le calme des élémens et le silence des créatures autour de lui, il entendait comme une voix douce, mais éloquente, au fond de son cœur, qui lui commandait le respect et l'invitait à adorer celui devant qui l'univers entier est comme s'il n'était pas. Telle était l'occupation de Sousi dans cette solitude ; il y faisait tout servir à son édification ; et c'est ainsi qu'un jeune homme, touché de Dieu, sait trouver Dieu partout et lui parler à toute heure.

Les lettres qu'écrivait Sousi pendant ses vacances, et qui n'étaient pas datées de Joui, exprimaient les regrets qu'il avait d'avoir quitté un endroit où il trouvait tant de facilité à satisfaire sa piété. « Depuis que je suis de retour à Paris, écrivait-il à son ami Xili, je n'ai pas pu trouver un moment pour m'entretenir avec vous. Nous avons été accablés de visites ; ce qui me fait bien regretter la solitude de Joui. Que j'ai de peine quand il faut la quitter! qu'il m'en coûte pour m'accoutumer à Paris, quand je reviens de Joui! que ces deux pays sont différens ! que les personnes surtout qui les habitent se ressemblent peu ! On ne rencontre là que des objets d'édification, et ici on compte les scandales par les pas que l'on fait. Ce n'est pas, cependant, qu'il ne soit aisé de s'instruire en appréciant le monde à Paris ; car, si son faux éclat y occupe tant de gens, c'est qu'ils ne le rapprochent point de l'éternité. Dans ce point de vue, mon cher ami, on voit, non-seulement que l'éclat du monde n'est que néant, mais qu'il est encore un néant dangereux pour le salut. »

Dans une autre lettre au même ami : «Je suis bien fâché, lui dit Sousi, de voir partir mon frère l'abbé pour Joui, sans pouvoir l'accompagner. Qu'il est heureux dans cette solitude, tandis que je suis en proie au tumulte et à la dissipation de Paris! Joui est un endroit qui inspire la piété à tous ceux qui l'habitent. Les exemples que je vois à Joui me portent à bien faire. Quand j'ai quitté Joui, je me sens tout dissipé, et, si je veux m'exciter un peu à la dévotion, il faut que je me ressouvienne de Joui. »

Ce n'était pas assez pour Sousi de saisir ainsi toutes les occasions qui pouvaient le soustraire à la dissipation et l'entretenir dans le recueillement, il tâchait encore de se ménager tous les ans quelques jours favorables pour vaquer plus spécialement à l'affaire de son salut dans la retraite. « Je désirerais bien, écrivait-il à l'abbé de Flamanville, pouvoir faire une retraite; car, outre le besoin que j'en ai, je ne sais si, d'ici à l'année prochaine, il se présentera une occasion aussi favorable que celle qui s'offre aujourd'hui. Je vous trouve bienheureux, mon cher ami, d'être dans un séminaire pendant ce temps de carême ; car, en vérité, il faut être dans la retraite et l'éloignement des créatures pour bien méditer les mystères que l'Eglise va nous proposer. »

Il est certain cependant que s'il y eut jamais un jeune homme qui pût se passer de ces secours extraordinaires sans que sa piété en souffrît, ce fut le pieux Sousi, dont tous les jours étaient comme autant de jours de retraite passés sous les yeux de Dieu et dans la pensée habituelle des vérités du salut. Je ne me lasse point de citer ses écrits, parce qu'ils montrent mieux son cœur vertueux que tout ce que nous pourrions en dire. « Vous me trouvez de grands sentimens, écrivait-il à un ami, et moi je vous assure qu'ils sont très-petits. Eh ! pourrions-nous jamais en avoir d'assez grands pour nous bien pénétrer de l'affaire du salut, cette affaire la plus importante de toutes les affaires, et que néanmoins on néglige si souvent, comme si elle était la dernière dont on dût s'occuper ? Au reste, mon cher ami, ce n'est pas assez que nous ayons de beaux sentimens sur la vertu ; ils nous sont inutiles si nous n'en venons à la pratique. Il y a néanmoins lieu d'espérer, lorsque Dieu nous inspire de penser à la vertu, qu'il nous donnera la grâce de la pratiquer ; car, à force de songer aux choses, on s'y affectionne insensiblement, et on prend les moyens d'y parvenir. L'exemple que vous me citez prouve combien notre âme est en danger au milieu du monde, où l'on ne voit qu'imperfections et que vices. »

Dans une autre lettre adressée au même : « Il y a environ quinze jours, dit-il, que M. Joli est parti pour aller accomplir la volonté de Dieu; qui l'appelait depuis long-temps à la vie religieuse. Je vous assure que j'envie bien son bonheur et celui de tous ceux qui se donnent ainsi à Dieu, en renonçant au monde et à ses biens qu'on estime tant, mais qui sont si méprisables, puisqu'ils finiront. C'est dans la retraite qu'on peut mieux imiter Jésus-Christ et accomplir les promesses qu'on a faites au baptême, de renoncer au monde et de ne vivre que pour Dieu, qui nous a faits ses enfans. Cependant Dieu est celui à qui ses enfans pensent le moins : ils se mettent fort peu en peine des obligations que leur impose le nom de chrétien. Pourvu qu'ils vivent parmi les honneurs et les plaisirs, ils sont contens et ne se soucient plus d'autre chose. »

XVIII

Cet esprit de recueillement qu'opposait Sousi aux objets de dissipation que le monde ne cesse d'offrir à un jeune cœur, l'entretenait dans le goût des choses du ciel, qui pénétrait son âme du plus tendre amour pour Dieu. Sa fermeté prenait de jour en jour de nouveaux accroissemens; il s'avançait de vertus en vertus, et ne mettait point de bornes à sa perfection. Peu content de ne vivre en tout que pour Dieu, il aimait encore à souffrir pour lui. Après s'être exercé dans la mortification intérieure, au point qu'il bénissait le ciel des peines et des contrariétés qu'il avait à essuyer, il s'appliquait à mortifier tous ses sens; et l'on peut dire qu'il porta jusqu'à un pieux excès la vertu de pénitence. Regardant son corps comme l'ennemi le plus à craindre pour son âme, il ne le traita jamais qu'en ennemi. Bien loin de favoriser en rien son appétit sensuel, il semblait ne lui accorder qu'à regret le nécessaire le plus indispensable. Dans toutes les saisons de l'année, il se levait de grand matin, et à quatre heures et demie pendant le temps de ses vacances. Continuellement et toujours utilement occupé, il travaillait par devoir et ne se délasrait que par besoin. Assis à la table de son père (et la table d'un ministre est toujours bien servie), il savait y pratiquer les règles austères de la tempérance et de la sobriété. Ne demandant d'aucun mets, n'en refusant aucun, il mangeait davantage de celui qui flattait le moins son goût; « et cela paraissait si naturel et si peu affecté, dit l'abbé de Flamanville, que si je n'eusse été dans sa confidence particulière, je ne m'en serais jamais aperçu en mangeant avec lui. Ce n'était pas seulement dans ses repas, c'était dans toutes ses actions qu'il portait cet esprit de mortification, avec le soin de ne pas le faire paraître. Je l'ai remarqué en le suivant jusque dans les plus petites choses, moins, je l'avoue, par l'envie que j'eusse de l'imiter que par curiosité, et pour voir jusqu'où allait sa vertu. »

Ce n'était pas seulement avec patience et résignation, c'était avec une sorte de joie qu'il souffrait les intempéries et les variations les plus incommodes des saisons. On eût dit qu'il était également insensible aux plus grandes chaleurs et aux froids les plus piquans. Lorsqu'il était seul dans son cabinet d'étude, il ne se chauffait jamais, pas même pendant les rigueurs de l'hiver; et, s'il était en compagnie, il savait, sans affectation et en exerçant la politesse envers les autres, se ménager pour lui-même la place la plus éloignée du feu. Toute occasion de souffrir en devenait une pour lui de se réjouir, dans la pensée qu'il se rendrait par-là plus conforme au divin modèle des chrétiens. Le temps de l'année qui lui plaisait le plus était celui du carême, plus spécialement consacré à la pénitence. Quoique dispensé, par son âge, de suivre en tout les lois que l'Eglise prescrit pour lors aux fidèles, il s'y soumettait en partie, et autant qu'on le lui permettait. Son étonnement et sa douleur étaient de voir que les gens du monde profitassent si peu des moyens de salut qui leur étaient offerts dans ces jours de pénitence. Voici en quels termes il en témoignait sa peine à son ami Xili :

« Nous voici, mon cher ami, dans un temps de pénitence ; mais, hélas ! paraît-il qu'on songe plus sérieusement à l'affaire de son salut dans Paris ? y voit-on moins de folies ? Jésus-Christ y est-il moins abandonné ? Combien de gens, à l'heure que je vous écris ceci, se disposent à aller à l'opéra et à la comédie, ou à lier quelque partie de plaisir ! Les adorateurs du Saint-Sacrement font-ils foule dans les églises comme les spectateurs au théatre ? Est-ce donc là faire pénitence, mon ami ? est-ce entrer dans les vues pour lesquelles l'Eglise a institué le carême ? »

Il était rare que Sousi s'entretînt avec ses vertueux amis sans leur parler des avantages de la mortification et leur en proposer quelques pratiques. Il leur recommandait d'abord d'accepter en esprit de pénitence, et avec action de grâces, toutes les peines que la Providence leur offrait, et surtout ce qu'ils trouvaient de désagréable et de pénible dans leur état actuel et dans la pratique de leurs devoirs. « Les contradictions que vous éprouvez sont grandes, écrivait-il à l'abbé de Flamanville, mais il est bien consolant d'avoir à souffrir les mêmes choses que notre divin Maître. C'est une occasion de mériter que je suis bien persuadé que vous ne négligerez pas. — Il sera très-utile pour notre avancement spirituel, disait-il à Xili, de mortifier tous les jours nos sens en quelque chose. Par exemple, nous défendrons à nos yeux de se reposer avec complaisance sur des objets agréables, à nos pieds de faire des visites inutiles, à notre langue de parler mal à propos. » L'esprit de mortification, dit encore l'abbé de Flamanville, surpassait en lui tout ce qu'on peut imaginer, et je sais qu'il eût voulu que tous ses sens eussent pu parler de Dieu ou souffrir pour son amour.

C'était, en effet, une chose aussi rare qu'elle était édifiante de voir, non dans un séminaire, mais au milieu du monde, un jeune homme de dix-sept ans, de famille distinguée et en crédit, un jeune homme qui avait, par les talens de l'esprit et les grâces du corps, tout ce qu'il faut pour plaire au monde ; de le voir, dis-je, pratiquer certaines austérités capables d'effrayer les hommes dévoués par état à la pénitence. Je ne parle plus ici des sacrifices de l'obéissance, de l'application à l'étude, de l'assiduité à la prière, de la pratique des sacremens, de la sobriété dans ses repas, de la vigilance sur les sens de son corps comme sur les mouvemens de son cœur : ces différens devoirs de la vie chrétienne, trop rigoureux aux yeux de tant de jeunes gens, Sousi en regardait la pratique comme insuffisante pour sanctifier la vie d'un disciple de Jésus crucifié ; et, comptant pour rien tout ce qu'une foi courageuse et une sainte habitude lui avaient rendu facile, il y ajoutait divers genres d'austérités particulières. Le temps des vacances, ce temps que les étudians ont coutume de passer dans une plus grande dissipation et quelquefois dans un funeste oubli de leurs devoirs, c'était celui qu'il chérissait particulièrement pour imprimer à son corps le sceau de la mortification de Jésus-Christ ; et souvent la forêt de Joui, témoin des pieuses cruautés qu'il exerçait sur lui-même, offrit au ciel un spectacle digne de fixer ses regards. C'est là qu'il se punissait des moindres fautes involontaires avec plus de rigueur que les jeunes gens n'ont coutume de se punir de leurs crimes. Voici ce qu'en rapporte l'abbé de Flamanville.

« Un jour qu'étant à Joui, je me promenais avec lui dans une allée appelée l'allée de Provins, il me quitta pour entrer dans le bois, sans que je susse pourquoi. Il fit la même chose un autre jour, lorsque nous étions à peu près dans le même endroit ; ce qui me fit soupçonner qu'il pouvait y avoir dans ces absences quelque motif particulier, que je cherchai à pénétrer. Lorsque nous fûmes de retour à l'abbaye, je revins seul sur mes pas ; j'entrai dans le bois et m'enfonçai vers l'endroit où je croyais qu'il pouvait avoir été ; je trouvai un houx, et au pied de cet arbre, des branches ensanglantées. Quand je le vis, je lui parlai de ma découverte : il était plein de candeur, il m'avoua l'austérité qu'il avait exercée ce jour-là, et me dit : « Hélas! mon ami, je suis d'une légèreté incroyable, une mouche me distrait, un rien me fait rire, lors même que je suis sous les yeux de Dieu, et que je devrais être le plus pénétré de sa présence. » C'est qu'il n'avait pu s'empêcher de rire, étant à l'église, d'une chose fort risible, en effet, et qui avait fait rire tous les religieux. Depuis ce temps-là, je fus plus attentif que jamais à l'observer, et je m'aperçus que quelquefois, ne se promenant, sans faire semblant de rien et comme par amusement, il prenait une feuille de houx, comme un autre aurait pris une fleur, et qu'il la serrait de manière que les piquans lui entraient dans la chair, et lui mettaient la main en sang. D'autres fois il insinuait de ces feuilles dans sa manche et sur sa chair nue. Un jour que je le surpris faisant cette austérité : « Les religieux qui ne portent point de linge, me dit-il, ont un grand avantage et qui leur épargne bien de la vanité; « ce qui me fit comprendre qu'il se punissait ainsi de quelque pensée involontaire de complaisance qui avait pu lui venir à l'occasion du beau linge qu'il était obligé de porter. »

Lorsque l'abbé de Flamanville eut ainsi surpris à

son ami le secret de ses austérités, Sousi ne lui en faisait plus mystère ; il lui en parlait quelquefois dans ses lettres, à mots couverts et sur le ton de la plaisanterie, comme un autre aurait parlé de ses amusemens : ce qui donnerait lieu de conjecturer que l'abbé de Flamanville pouvait bien être aussi de la pratique comme il était du secret. Sousi, dans plusieurs endroits de sa correspondance avec son ami, regrette de n'être pas à Joui, et *à portée de visiter cette allée de Provins* dont nous venons de parler. Je lis encore dans une de ses lettres au même : « En revenant de Fontainebleau, nous demeurâmes deux jours chez madame d'Argouges : j'y ai trouvé quelque chose qui vaudrait mieux encore que le houx, et j'aurais pu arranger assez bien mes affaires dans ce pays, semé de rochers et de cavernes, si j'y étais resté plus long-temps. » La présidente d'Argouges était sa sœur, et ce qu'il avait trouvé dans sa terre, qu'il jugeait préférable au houx pour l'usage qu'il en voulait faire, c'était le genévrier. L'abbé de Flamanville rapporte encore, comme une chose dont il n'a pas été témoin, mais qu'on lui a certifiée, que Sousi, dans le temps qu'il était à l'abbaye de Joui, jonchait souvent son lit de feuilles de houx sur lesquelles il se couchait.

Quoiqu'il paraisse que notre saint jeune homme

redoublât ses austérités pendant le temps de ses vacances, il ne laissait pas d'en pratiquer, et même de très-rudes, dans d'autres temps de l'année. Il le faisait dans le plus grand secret. « Mais les murailles de son cabinet, dit l'abbé de Flamanville, ont porté des marques de la sainte cruauté qu'il exerçait sur son corps. » Il s'était procuré divers instrumens de pénitence dont son confesseur lui défendit l'usage. Son obéissance en ce point fut pour lui un vrai sacrifice : il en faisait un jour la confidence à son ami Flamanville, en lui disant : « J'ai bien sujet de craindre que M. Polot, qui me lie les mains dans ce monde, ne me réserve de grandes souffrances pour l'autre. » C'était aussi une des pratiques de Sousi de s'offrir souvent à Dieu comme une victime d'expiation pour ses offenses dont il était témoin, et de faire ainsi pénitence, sans la mériter, pour tant de jeunes gens qui la méritent sans la faire.

XIX

C'est par ces dispositions admirables de zèle et de ferveur qu'il s'efforçait de former en lui l'homme parfait dont parle saint Paul, et qu'il préparait, tous les jours, le compte qu'il devait rendre à Dieu des années de sa jeunesse, et des grâces qui lui avaient été confiées. Pendant son année de physique, la dernière de sa vie, comme s'il eût eu un secret pressentiment de sa mort prochaine, il semblait, pour ainsi dire, saluer sa couronne de plus près, et redoubler d'ardeur encore pour s'en saisir. Il ne paraissait plus tenir à la terre : tous les désirs de son cœur le portaient vers Dieu ; il ne soupirait que pour Dieu, il ne parlait que de Dieu ; et l'on pouvait dire de lui, en toute vérité, que sa conversation était dans le Ciel. Les lettres qu'il écrivait alors à ses amis paraissaient plus que jamais l'expression d'une âme vivement pénétrée des vérités éternelles et de la nécessité d'assurer son salut : on en jugera par quelques extraits que nous allons en donner.

« Il est certain, mon cher ami, écrivait-il à l'abbé de Flamanville, que l'on doit bien trembler sur le sort de tous ces gens du monde qui regardent comme une folie ce qu'il faut faire pour se sauver. Il y a bien à craindre pour eux qu'au jugement de Dieu ils soient forcés d'avouer que c'étaient eux qui étaient les insensés, et de proférer contre eux-mêmes ces paroles que nous lisons quelquefois aux épîtres de la messe: *Nos insensati vitam illorum æstimabamus insaniam.* Quelle surprise, lorsqu'ils verront entrer dans la gloire éternelle ceux qu'ils regardaient avec tant de mépris! Quelle confusion, en ce terrible jour, pour ceux qui auront traité de folies les mortifications, les jeûnes et les saintes pratiques de la pénitence ! pour ceux qui auront cru pouvoir allier Jésus-Christ avec le monde, les plaisirs de leurs corps avec le salut de leurs âmes ! Quel éclat de lumière viendra frapper alors ces malheureux ! Mais cette terrible lumière n'éclairera que le désespoir éternel qu'ils ressentiront de s'être laissé séduire par le démon, et d'avoir pris plaisir à se laisser tromper. Ce terme où vont aboutir les pécheurs doit bien, je vous assure, nous faire trembler, nous engager à considérer la mort, à veiller sur nos sens, à nous mortifier. Je vous fais, mon cher ami, le précis des réflexions qui m'occupaient en entendant la messe du roi, au milieu d'un peuple bien scandaleux. »

Mais, parmi les vérités utiles et propres à tenir l'âme éveillée sur ses devoirs, il n'en était point que Sousi méditât plus souvent et plus profondément que la pensée de la mort. Il s'attachait à tout ce qui pouvait lui en rappeler le souvenir. Les morts dont il était témoin, et celles dont il entendait parler, les morts subites et remarquables, surtout, devenaient pour lui une source féconde de réflexions dont il aimait à s'édifier avec ses vertueux amis.

« Je crois, écrivait-il à Xili, que vous savez la mort subite de M. de Bellièvre. Cet exemple doit bien nous apprendre à ne pas nous attacher aux choses de ce monde : Dieu seul mérite toutes nos affections, et la mort nous privera bientôt de tout: Si nous songions bien à ce jour où il nous faudra mourir, paraître devant Dieu, et lui rendre compte de toutes les actions de notre vie, nous tiendrions bien moins à ce monde, nous nous attacherions bien plus étroitement à Jésus-Christ; nous le prendrions pour modèle, nous nous appliquerions à mener une vie pauvre, humble et pénitente ; mais on ne songe point à tout cela dans le monde, moins encore, ce semble, en ce temps-ci où la folie, le luxe et la mollesse règnent plus que jamais. »

Dans une autre circonstance, il marquait au même : « La reine est morte vendredi, sur les deux heures et demie après midi ; on a défendu les spectacles et on prendra le grand deuil à ce sujet ; mais je ne sais si ce changement d'habits changera beaucoup l'intérieur ; et l'on ne peut guère l'espérer, quand on voit les gens du monde affecter de rendre leurs habits de deuil aussi vains que ceux qu'ils portent en d'autres temps.

» Cependant, mon cher ami, nous n'avons pas de trop du temps que nous passons sur la terre pour tâcher de gagner le Ciel; et le Dieu que nous servons mérite bien que nous lui consacrions tous les instants de notre vie. Nous devons toujours veiller, puisque nous ignorons quand la mort viendra. Peut-être sera-ce bientôt; et malheur à nous si Dieu ne nous trouvait pas alors travaillant à son service ! »

Je lis dans une autre lettre de la correspondance de Sousi avec l'abbé de Flamanville : « Je vais, mon cher ami, vous faire part de ce qui m'occupait hier au soir : en songeant que nous ne devons pas nous attacher à ce monde, où tout est passager, mais porter nos affections vers les choses éternelles, il me vint en pensée qu'un homme raisonnable ne s'amuse pas à meubler magnifiquement une maison, lorsqu'il ne la tient qu'à louage, pour très-peu de temps, et qu'il attend de jour en jour qu'on lui donne son congé. Nous ne sommes nous-mêmes que comme les locataires de ce monde, dont Dieu est le propriétaire. Mais il s'en faut bien que les locataires de ce monde soient aussi prudens que les locataires de la maison dont je parle. On s'inquiète, on s'agite beaucoup pour s'établir et s'accommoder dans la maison de ce monde; on veut la bien meubler, c'est-à-dire y avoir des honneurs, des richesses et des plaisirs; on se conduit comme si on devait y demeurer toujours; on ne songe pas qu'au premier jour le maître va signifier le congé, et qu'on sera forcé de déloger. Ah! mon cher ami, si, au lieu de nous donner tant de mouvement et d'épuiser nos facultés pour nous établir commodément dans cette maison d'emprunt, nous nous attachions à chercher une habitation plus convenable et à nous l'approprier, nous ne nous trouverions pas sans ressource et sans maison lorsque le propriétaire de ce monde nous signifiera notre congé.

» Combien de gens, à notre âge surtout, pour s'être trop attachés aux plaisirs et aux biens de ce monde, négligent et perdent sans ressource ceux de l'éternité ! Le fruit que nous pouvons tirer de cette considération, ce doit être, ce me semble, de travailler sans relâche, dans le lieu de notre exil, à nous assurer l'éternité, comme la demeure qui nous est propre, et à laquelle nous sommes tous destinés. Je vous fais part de mes idées ; vous suppléerez à ce qui y manque.

« Songez à moi, mon cher ami, pendant cette semaine sainte : j'ai bonne envie de l'employer le mieux possible, car qui sait si la Pâque à laquelle nous touchons ne sera pas la dernière que je verrai ? » Ce fut, en effet, la dernière qu'il vit. Très-peu de jours après la date de la lettre que nous venons de lire, la maladie de Sousi commença à s'annoncer par une extinction de voix. Son père le rappela du collége, et il resta chez lui, où il n'éprouva d'abord qu'un léger mal-être.

XX

Le mardi de la semaine sainte, comme il faisait la prière du soir avec toute sa famille, il lui survint un crachement de sang qui effraya tout le monde, excepté lui, que cet accident ne parut pas même étonner. Le pieux jeune homme avait toujours eu une si grande crainte de se perdre dans le monde que mourir à la fleur de l'âge lui paraissait bien plus une faveur du Ciel qu'un sujet d'affliction. Le crachement de sang continua, augmenta même les jours suivans, sans qu'il en témoignât plus d'inquiétude. Il songeait continuellement et il disait quelquefois que la Providence avait voulu que cette maladie lui arrivât, et cette considération tenait son âme en paix. Ne pouvant satisfaire sa dévotion, pendant cette semaine, ni pendant les fêtes de Pâques, en allant à l'église, il se consolait dans la pensée que l'union de ses souffrances avec celles du Sauveur et sa conformité aux ordres du Ciel lui tiendraient lieu de tout autre exercice.

Quelques saignées qu'on lui fit l'ayant un peu soulagé, il voulut faire sa communion pascale, et il la fit le vendredi de la semaine de Pâques avec une ferveur angélique, et surtout dans des sentimens d'une joie tout extraordinaire, qui venait non de ce qu'il se trouvait mieux, mais de l'espérance qu'il avait conçue que ce mieux ne serait pas de longue durée, et qu'il pourrait bientôt se réunir d'une manière plus parfaite au Dieu qu'il recevait dans le sacrement de son amour. C'était le sentiment qu'il témoignait aux personnes de confiance qui l'approchaient.

Cependant il parut convalescent pendant quelque temps, et l'on se flattait de sa guérison. Il avait repris la plupart de ses exercices ordinaires. Il partageait son temps entre la prière et l'étude des matières philosophiques, édifiant toute sa famille par la ferveur de sa piété et la sagesse de ses discours. Il ne lui revenait plus que quelques accès de fièvre et après de longues intermissions. Comme cet état de convalescence l'obligeait cependant à garder la chambre, ses amis et les personnes de sa connaissance lui faisaient visite. Un jour qu'il avait reçu beaucoup de monde, et que chacun lui avait demandé avec empressement des nouvelles de sa santé : « Voyez, dit-il à une personne qui était auprès de lui, ce que c'est que les usages et les bienséances du monde : tous ceux qui viennent me voir ne manquent pas de s'informer de la disposition de mon corps, et pas un seul ne me demande en quel état est mon âme. »

La nuit du mercredi au jeudi, 23 de juin, le crachement de sang lui reprit avec plus de violence que jamais, et le danger parut alors imminent. Il témoigna de nouveau la satisfaction de se voir en cet état : l'espérance d'une mort prochaine répandait la joie dans son âme et la sérénité sur son visage. Ne voyant, comme saint Paul, qu'un vrai gain dans la perte de la vie, il appelait la mort par tous les désirs de son cœur, il ne s'occupait que de Dieu, il ne soupirait qu'après le bonheur de lui être uni dans le ciel, et l'on eût dit quelquefois qu'il goûtait déjà ce bonheur par avance. Sa prière alors était presque continuelle. S'il ne priait pas, il méditait, ou bien il se faisait faire une lecture édifiante. Il aimait surtout qu'on lui lût un traité qu'il avait sur la mort des justes, les Psaumes de David, l'Imitation, et particulièrement le douzième chapitre du second livre, qui établit la nécessité pour le chrétien de souffrir ici-bas et de porter sa croix.

Pendant tout le cours de sa maladie, dont les huit derniers jours furent cruels, il ne lui est pas échappé un seul mot, un seul geste qui marquât la plus légère impatience, le moindre sentiment de tristesse ou de découragement. Content de tout, résigné à tout, il respectait dans ses médecins les ministres des desseins de la Providence sur lui, il leur obéit jusqu'à la mort. Sans se mettre en peine de connaître les motifs de leurs décisions, si on lui imposait la privation de ce qu'il aurait le plus désiré, il s'y soumettait ; si on lui demandait son bras pour le saigner, il le présentait ; si on lui offrait une potion médicinale, il la prenait. Quoique la continuité des remèdes lui causât beaucoup de dégoût, sans paraître le soulager en rien, il ne se plaignait jamais de leur amertume ; il ne s'informait pas même si l'on continuerait long-temps à le fatiguer par ces sortes de breuvages. Dans certains accès de douleur plus aiguë, il s'adressait à Dieu, et sa plainte était : « Mon Dieu, donnez moi la patience ; » il possédait cette vertu dans le plus rare degré : on ne pouvait pas être témoin de ses souffrances et des sentimens héroïques avec lesquels il les endurait, sans être frappé d'admiration.

Un jour que son professeur, dont il était chéri, était venu lui faire une visite, dans un moment de crise, où il le voyait souffrir cruellement, et avec sa résignation ordinaire, il dit fort bas à la personne qui était auprès de lui : « Quelle patience! quelle édifiante leçon pour nous! » Sousi l'entendit, mais ne dit rien dans le moment, parce que la violence du mal ne le lui permettait pas. Quelques instans après, se trouvant mieux, il adressa la parole au professeur, et lui dit : « Il faut, monsieur, quand on est auprès des malades, faire attention qu'ils entendent fort clair, et prendre garde de les exposer à la vanité, en leur faisant des complimens. Le plus grand service qu'on puisse leur rendre, c'est de prier Dieu qu'il leur accorde la patience. » Il parla ensuite sur divers sujets, et toujours de manière à édifier tous les assistans. La conversation étant tombée sur l'état des professeurs et des personnes qui se dévouent à l'éducation de la jeunesse, il dit que c'était une profession aussi estimable par elle-même que précieuse pour la société : qu'elle offrait à ceux qui l'exerçaient bien des avantages pour le salut, mais qu'elle avait aussi pour eux ses dangers, dont le plus grand, selon lui, était qu'elle appliquait tellement les facultés de leur esprit à la recherche des différentes connaissances auxquelles ils devaient former leurs élèves que, sans une grande vigilance sur eux-mêmes, ils avaient fort à craindre que l'étude des sciences n'altérât en eux l'onction de la piété. Tandis que le malade parlait ainsi, son professeur l'écoutait avec une attention qui tenait du respect, et l'on eût dit, à le voir, que c'était un disciple qui recevait la leçon de son maître. Sousi, s'en étant aperçu, en eut une sorte de honte ; il se reprit lui-même de l'excellente réflexion qu'il venait de faire comme d'une indiscrétion, et dit au professeur : « Pardon, monsieur, je vous prie, ce n'est pas à moi, sans doute, à parler des devoirs de mes maîtres ; mais cette idée m'a passé par l'esprit, en me rappelant que MM. de Saint-Sulpice font tous les matins une heure d'oraison pour se prémunir contre la dissipation des grandes études. »

Dès le premier jour de sa rechute, Sousi, que tous les désirs de son cœur portaient vers Dieu, avait témoigné beaucoup d'empressement pour communier en viatique ; mais, comme on ne désespérait pas encore de son état, on lui représenta que cette communion, qui devait dispenser du jeûne ecclésiastique, demandait un danger plus imminent que celui dans lequel il se trouvait. Le malade, soumis à la volonté de ceux qui le dirigeaient, se contenta d'offrir à Dieu la préparation de son cœur, et de redoubler d'ardeur dans les communions spirituelles qu'il ne manquait pas de faire à certaines heures du jour.

Le mercredi, veille de l'octave de la Fête-Dieu, le curé de Saint-Gervais, sa paroisse, vint le voir. L'occasion parut favorable au pieux jeune homme, pour renouveler les instances avec lesquelles il avait déjà demandé qu'on lui administrât le saint Viatique. Il parla sur ce sujet avec tant de piété, et en des termes si touchans, que le curé ne put retenir ses larmes, et tous ceux qui étaient présens en versèrent avec lui. On ne crut pas devoir s'opposer plus long-temps à de si saints désirs, et on lui promit qu'on le satisferait le lendemain. Ce fut pour lui un grand sujet de consolation. Il lui en coûta peu pour préparer sa confession ; il la fit sans trouble et sans inquiétude, et comme s'il se fût agi de se disposer à une communion ordinaire.

Le lendemain, jour de l'octave du Saint-Sacrement, le curé lui apporta le saint Viatique. Tous les sentimens de piété qu'il avait fait paraître en faisant sa première communion, il les montra en faisant sa dernière, et dans un degré plus éminent de ferveur, au comble de ses désirs, et déjà mort à la terre ; dès qu'il eut communié, il semblait éprouver les doux transports d'une âme consommée dans l'union avec son Dieu et assurée de sa béatitude. Le curé, avant de le quitter, l'ayant prié de lui dire quelles grâces il désirait plus particulièrement qu'on demandât pour lui à Dieu : « C'est, répondit-il, la résignation à sa sainte volonté, la patience dans mes souffrances, et la contrition de mes péchés. » Les assistans ne purent pas entendre ces dernières paroles sans en être attendris. On craignait qu'il n'eût été fatigué de la cérémonie, il en éprouva un effet tout contraire ; l'abondance des consolations qu'il y reçut sembla lui communiquer de nouvelles forces ; il se trouva moins accablé ce jour-là, ainsi que le lendemain vendredi. Mais, sans se flatter de ce mieux, il en profita pour continuer son action de grâces, et pour se préparer aux derniers combats de la nature : ils furent très-violens pour lui ; et Dieu, qui voulait embellir sa couronne, et offrir aussi aux jeunes gens malades un modèle de patience en sa personne, lui en ménagea toutes les épreuves.

Le vendredi au soir, il fut attaqué d'un grand redoublement de fièvre, accompagné d'une toux continuelle et si opiniâtre qu'elle lui coupait la respiration. Lorsque, par intervalles, il pouvait prononcer quelques paroles, c'étaient des actes de résignation. Il disait souvent : « Seigneur, que votre volonté soit faite. » Quelques personnes pieuses, en le voyant dans cet état de souffrances cruelles, parlaient entre elles, à voix basse, de faire un vœu sous l'invocation de saint François de Sales ; Sousi les entendit, et leur dit : « Que ce vœu au moins ne soit pas en vue d'obtenir ma guérison : ce n'est pas ce qu'il faut demander à Dieu, mais l'accomplissement de sa sainte volonté sur moi. »

Le samedi, le curé de Saint Gervais vint encore le voir, et lui demanda comment il se trouvait. Il souffrait beaucoup alors : « Bien abattu, répondit-il. Monsieur le curé, demandez à Dieu, je vous prie, qu'il m'accorde la patience : j'ai besoin aussi que les fortes réflexions viennent à mon secours pour me soutenir dans ce passage. »

Aux maux qu'endurait déjà le malade il s'en joignait un d'autant plus cruel que le seul remède qui eût pu y apporter quelque soulagement lui était constamment refusé : c'était une faim dévorante qui le tourmenta jusqu'à sa mort. Dans un moment où son confesseur était auprès de lui : « Je vous prie, monsieur, lui dit-il, de me parler souvent de Dieu ; j'ai besoin qu'on m'entretienne dans sa présence, pour me distraire de la pensée de manger, qui me poursuit continuellement. » Cependant, parmi les plus violens accès de cette faim, il ne demanda pas une seule fois à la satisfaire, fidèle à la résolution qu'il avait prise, dès le commencement de sa maladie, d'abandonner aux autres le soin de son corps pour s'occuper uniquement lui-même de celui de son âme.

Le lundi matin, un ecclésiastique de sa connaissance le vint voir ; il lui parla de son état avec beaucoup de tranquillité, et lui dit : « Je touche à ma dernière heure, ne me quittez pas, je vous prie, vous pourrez m'aider à la soutenir. » Il dit à peu près la même chose à une autre personne qui vint le voir peu d'heures après.

Il était d'une attention extraordinaire pour toutes les personnes qui lui faisaient visite; il leur marquait son amitié, il les remerciait, il les priait de se souvenir de lui devant Dieu. Toujours plein de tendresse et de reconnaissance pour ses parens, il tâchait de les consoler de la douleur qu'ils avaient de le perdre, en les assurant qu'il mourrait sans regrets, et que c'était même avec plaisir qu'il quittait le monde.

Jusque dans ses derniers momens, le bon jeune homme se souvint des pauvres, qu'il avait toujours aimés ; mais, comme s'il eût craint de faire connaître l'étendue de sa charité, il n'en recommanda particulièrement qu'un seul, c'était un Irlandais, que Xili sans doute lui avait fait connaître ; il était sans ressource, et il y avait long-temps qu'il l'entretenait. A l'intérêt qu'il marquait pour cet étranger, on crut qu'il ne serait pas fâché de le voir ; on le chercha et on le lui amena. Ce pauvre homme, à la vue de son bienfaiteur réduit à la dernière extrémité, se sentit le cœur déchiré de douleur, et ne put lui parler que par ses larmes. Alors l'humble Sousi, qui ne croyait pas que celui même qui ne subsistait que par ses bienfaits dût s'affliger de sa mort, traita de faiblesse sa sensibilité, et lui dit avec fermeté : « O homme de peu de foi ! c'était donc en un bras de chair, et non pas en Dieu, que vous mettiez votre confiance ? Allez, mon ami, ce sentiment n'est pas digne d'un chrétien. » Il pria cependant ses parens de prendre soin de lui après sa mort.

Vers les trois heures de l'après-midi, le malade essuya un accès de fièvre plus violent que jamais. Il était accompagné d'une oppression de poitrine qui le suffoquait. Dans cette extrémité, il s'écria : « Mon Dieu, secourez-moi, soutenez ma patience prête à m'échapper. » Comme cette crise continuait et le tenait dans un état violent de souffrance, il demanda qu'on lui lût la Passion de notre Seigneur, et qu'on la lût lentement. A chaque verset, il produisait des actes d'offrande de sa vie, et de résignation à la volonté de Dieu. Lorsqu'on en fut à ces paroles : *Non potuistis und horá vigilare mecum?* s'appliquant à lui-même ce reproche que faisait notre Seigneur à ses disciples de navoir pas eu le courage de veiller et de souffrir une heure avec lui, il répéta d'un ton de voix animé, et qui marquait toute l'ardeur de ses sentimens : *Non potuistis und horá vigilare mecum ?*

A sept heures du soir, Sousi dit qu'il était temps qu'on lui administrât l'Extrême-Onction. On lui fit quelques représentations pour l'engager à différer de la recevoir jusqu'au lendemain matin ; mais il parla avec tant de force et de sagesse sur le besoin qu'il se sentait de la vertu de ce sacrement pour soutenir les derniers assauts de la mort qu'on se rendit à ses pieuses instances. Pendant la cérémonie, il donna la même édification aux assistans, et parut éprouver, de son côté, la même consolation que lorsqu'il avait reçu le saint Viatique. Peu de temps après, on lui présenta une potion composée de drogues dont l'odeur seule était insupportable. Il reçut le vase, le but sans se plaindre, sans marquer aucune répugnance, sans vouloir même se rincer la bouche après. A peine eut-il pris ce remède qu'il éprouva une violente altération, et il dit qu'il avait une soif brûlante : on lui demanda s'il ne pourrait pas la soutenir encore quelque temps. Quoiqu'il eût la bouche tout enflammée, prompt à saisir cette occasion de prolonger les souffrances qu'il endurait, il répondit : « Oui, je puis bien encore me passer de boire. »

Vers minuit, il lui survint une faiblesse qui fit croire qu'il allait expirer. Comme il voyait qu'on s'empressait avec inquiétude autour de lui : « Je ne me sens pas, dit-il, plus mal qu'à l'ordinaire ; mais peut-être n'en suis-je pas moins près de ma fin. » Puis, se tournant vers une personne qui l'avait toujours exhorté à se ménager pendant sa maladie, et surtout à ne pas continuer les austérités auxquelles il se livrait auparavant, il lui dit : « Avouez que si j'avais commencé plus sérieusement ma pénitence quand j'ai commencé à être malade, je me trouverais, en ce dernier moment, un peu plus avancé que je ne suis ; » et, sur ce qu'on lui répondit, il s'écria : « Est-il possible qu'on s'obstine à avoir de moi une opinion si contraire à la vérité ! »

Lorsqu'il ouvrait la bouche pour parler, sa langue paraissait être tout en feu. Quelqu'un lui demanda s'il ne voudrait pas quelque chose pour se rafraîchir la bouche. « C'est à ces messieurs, dit-il, en se tournant vers les médecins qui étaient dans sa chambre, et non pas à moi, qu'il faut le demander. » En effet, il eût toujours répondu qu'il était altéré, et qu'une faim cruelle le dévorait. On crut pouvoir lui donner quelques cuillerées de gelée de groseilles, qu'il mangea avec avidité ; mais ce n'était là qu'une goutte d'eau jetée sur un incendie. Cependant il ne demanda rien davantage, content d'avoir toujours à offrir à Dieu le sacrifice douloureux de ses besoins et de ses souffrances.

XXI

NE doutant pas que cette nuit ne dût être la dernière de sa vie, il pria son confesseur de la passer auprès de lui, afin de lui inspirer les sentimens convenables à un mourant. M. Polot se rendit d'autant plus volontiers à ses désirs qu'il regardait comme un précieux avantage pour lui-même de pouvoir recueillir les derniers traits d'une si belle vie; et, depuis ce temps-là, ce vertueux ecclésiastique disait souvent que rien au monde ne l'avait jamais tant édifié que les derniers momens de Sousi. Les personnes qui venaient le voir, et les domestiques qui le servaient, en le considérant sur son lit comme une victime volontaire sur l'autel de son sacrifice, étaient obligés de détourner les yeux pour essuyer les larmes que leur arrachait un spectacle si attendrissant.

Sur les deux heures après minuit, une heure avant sa mort, Sousi proposa à son confesseur de faire encore une revue générale et une dernière accusation de tous les péchés de sa vie. Le saint jeune homme, dans cette belle vie où les yeux de tous ceux qui l'environnaient n'avaient jamais découvert que des vertus et des actions louables, voyait lui-même, par la vivacité de sa foi, des taches dignes d'être purifiées par le repentir le plus amer et le plus durable. Sa douleur était si grande qu'il ne pouvait pas la cacher aux assistans. On eût cru entendre les regrets du plus grand pécheur, et l'on était dans l'étonnement de le voir déplorer ainsi le malheur d'avoir commis, bien des années auparavant, de ces fautes appelées légères, que la plupart des jeunes gens commettent sans y penser, ou auxquelles ils ne pensent jamais pour s'en accuser avec douleur.

Après qu'il eut fait cette dernière confession, pour ne pas fatiguer son confesseur, qu'il avait déjà entretenu long-temps, il pria un frère de la charité, qui le soignait, de lui réciter les prières des agonisans, en l'avertissant de parler à haute voix, afin qu'il pût l'entendre et le suivre. On se mit à genoux pour lui obéir, et tandis que les larmes coulaient de tous les yeux, lui-même, tranquille et possédant toujours son âme en paix, s'unissait de la manière la plus parfaite aux prières de l'Eglise, exhortant courageusement son âme à sortir de ce monde, et marquant le désir le plus impatient de se réunir à son Dieu. Il donna encore, dans cette occasion, une dernière preuve du profond respect qu'il avait eu toute sa vie pour le saint exercice de la prière : tandis qu'on récitait pour lui celle des agonisans, il se trouva dans une situation fort gênante, et qui le faisait souffrir ; il n'en dit rien que lorsque la prière fut achevée ; et comme on lui demandait pourquoi il n'avait pas demandé plus tôt du soulagement : « C'est, répondit-il, qu'il eût fallu, pour cela, faire interrompre la prière. »

Quoiqu'il dût être fatigué par tant d'exercice, il ne voulait prendre aucun repos ; il ne s'en promettait plus que dans le sein de Dieu. Il pria de nouveau son confesseur de lui parler comme à un mourant : « Aidez-moi, lui dit-il, à faire des actes des principales vertus. » Alors M. Polot commença à l'entretenir de l'excellence des vertus théologales, en lui suggérant les sentimens analogues à sa situation. Lorsque son confesseur eut cessé de parler, Sousi, ajoutant un acte d'humilité à ceux qu'il venait de produire, s'écria : « O mon Dieu, que je suis indigne d'aller paraître devant vous ! » Jusqu'au dernier soupir il conserva la raison la plus saine. Toujours plus pénétré de la majesté de Dieu, à mesure qu'il approchait davantage du terme où il devait le contempler à découvert, il craignait de perdre un seul des instans de vie qui lui restaient pour se préparer à paraître en sa présence ; et l'on peut dire de lui, avec vérité, que son amour pour Dieu fut plus fort que la mort même. Dans le temps qu'il éprouvait les dernières crises de la dissolution qui s'opérait en lui, il ne voulait pas qu'on le laissât sommeiller ; il accusait la nature des défaillances qu'elle éprouvait. « Soutenez-moi, je vous prie, dit-il alors à son confesseur, ma tête m'abandonne, mon imagination s'égare, je sens que je n'ai plus d'application à mon Dieu. » Quelques instans après, parce qu'il éprouvait sans doute un de ces sentimens de consolation que Dieu répand dans l'âme du juste mourant, il craignit de s'y arrêter, et, le rejetant comme une tentation, il s'écria : « Ce sont là des pensées de vanité. » Vers les trois heures, on lui entendit dire d'une voix faible et mourante : « Seigneur Jésus, recevez mon âme. » Il répéta cette prière par plusieurs reprises ; c'était en latin qu'il la faisait : *Domine Jesu, suscipe spiritum meum.* Ce furent les dernières paroles qu'il prononça.

Ainsi mourut l'aimable et vertueux Sousi, à la fleur de sa jeunesse : il n'avait que dix-sept ans. Mais ce fruit précoce était déjà mûr pour le ciel. Sans avoir long-temps vécu, il avait fourni une longue carrière de vertus. Tous ses jours avaient été des jours pleins, et sa mort prématurée ne devait pas, aux yeux de la religion, laisser de regrets sur la brièveté de sa vie : aussi personne n'était-il tenté de le plaindre d'être mort si jeune. Mais chacun, enviant son bonheur, se plaignait soi-même d'avoir sitôt perdu un si beau modèle. Son corps inanimé n'inspirait point l'horreur qu'inspire naturellement un cadavre : on le considérait encore avec une sorte de complaisance, on le respectait comme un temple précieux du Saint-Esprit, on eût voulu pouvoir le conserver dans la maison.

Toute la famille de Sousi pleura sa mort. Son père, surtout, en parut inconsolable, et il porta sa douleur jusqu'au tombeau : ce vieillard respectable, vertueux dans tous les temps, croyait, après la mort de son cher fils, entendre continuellement sa voix qui l'appelait à une vertu plus parfaite encore. Il ne songea plus dès-lors qu'à se décharger du poids des affaires publiques, et il prit des mesures pour obtenir sa retraite. Dès que le roi l'eût agréée, il employa le loisir qu'elle lui laissait à se rappeler et à retracer les touchans exemples que lui avait offerts Sousi. Tous les ans, depuis ce temps-là, il passa le Carême entier dans la solitude, occupé de la prière et des autres exercices de la pénitence chrétienne. Il faisait cette retraite dans le couvent des Chartreux de Paris, où il s'était procuré un petit appartement. Après la mort de ce ministre, on trouva cette note dans ses papiers secrets : « Sur le bord du tombeau où je suis, je ne dois pas perdre de vue le souvenir de ce cher enfant qui, à la fleur de la jeunesse où il est mort, était déjà parvenu à une sainteté consommée. »

Les amis de Sousi ne pouvaient manquer de pleurer amèrement la perte qu'ils faisaient en sa personne, et, s'il est permis de juger de l'affliction des autres par celle que ressentit l'abbé de Flamanville, elle fut extrême. Ce jeune ecclésiastique était à Pont-Audemer en Normandie lorsqu'il apprit la mort de son ami. Frappé de cette nouvelle comme d'un coup de foudre, il resta pendant trois heures hors de

lui-même, l'excès de sa douleur lui en ayant fait perdre jusqu'au sentiment. C'est lui qui nous apprend cette particularité, et il continue son récit en ces termes :
« Cette mort, si précieuse pour lui, était si accablante pour mon cœur qu'au moment où je l'appris, je me serais cru heureux de pouvoir lui rendre la vie aux dépens de la mienne. Dès que je fus revenu à moi, et que ma foi put aider ma raison, je fis à Dieu mon sacrifice ; mais aussi je donnai un libre cours à mes larmes. Aurais-je pu les retenir? mon cœur était plongé dans la douleur, et cette douleur était bien juste. Hélas! je la sens encore se renouveler tout entière en ce moment ; elle m'accable, et je ne puis continuer...

« O mon ami! je bénis Dieu de votre bonheur, mais que je plains ceux qui vous ont perdu! O mon ami! je n'ai de consolation qu'en pensant à vous. Il me semble vous voir encore. Il n'y a pas de soir que votre image ne se présente à mon esprit. Si j'étais peintre, que je la rendrais bien au naturel ! O précieux modèle ! je voudrais surtout retracer vos vertus et en faire des copies vivantes. Dans la douleur de vous avoir perdu, je cherche ma consolation aux pieds du Crucifix que j'ai hérité de vous ; et, considérant ce sacré côté ouvert pour l'amour de nous, je crois être auprès de vous, et que vous le considérez avec moi. D'autres fois je vous contemple tout brillant de gloire dans le ciel, et au comble du bonheur, tandis que votre ami est loin de vous dans cette vallée de misères. Mais il me semble aussi que du séjour que vous habitez vous me tendez la main. J'ai confiance en votre tendresse fraternelle. O mon ami! je vous invoquerai souvent; je vous conjurerai d'intercéder dans le ciel pour celui que vous avez aimé sur la terre. » C'est ainsi que Sousi avait su s'attacher ses amis. Les cœurs vertueux ne s'aiment point à la manière des autres hommes : la piété les rend frères, et la fraternité de la vertu a des droits plus sacrés encore que ceux du sang.

Ce ne fut pas seulement sur le cœur de ses amis que la mort du pieux étudiant fit impression, elle laissa un vide affligeant parmi ses condisciples et tous les jeunes gens qui avaient eu l'avantage de le connaître. C'est encore un des priviléges de la vertu, de laisser après elle un doux souvenir qui force à la regretter; et tel, souvent, qui ne sait pas l'apprécier, qui la trouvait un censeur importun lorsqu'il l'avait sous les yeux, se sent épris de ses charmes lorsqu'elle a disparu, et la poursuit, pour ainsi dire, au moment qu'elle lui échappe. C'est ainsi que l'on vit un des frères de Sousi, Maurice, ce jeune homme si léger et si dissipé, touché comme miraculeusement à la mort de son frère, et par le souvenir seul des vertus dont la présence avait fait si peu d'impression sur lui. Son changement fut l'ouvrage d'un instant, et il fut parfait. Ses parens, ses maîtres, ses condisciples, ne le reconnurent plus ; il ne fut plus lui-même, il devint un autre Sousi ; il montra ses bonnes qualités, il retraça ses vertus, et toute sa vie, dans la suite, fut comme la continuation de la sainte vie de son frère.

XXII

Vous avez été édifié, mon cher lecteur, et les vertus de Sousi ont parlé à votre cœur ; mais les vertus des autres ne sont point celles qui nous sauveront : c'est sur nos œuvres que nous serons jugés. La vertu a par elle-même des attraits si puissans qu'il faut être pervers pour n'en être pas touché ; mais ce n'est pas à une vaine et stérile estime de la vertu, c'est à sa pratique qu'est attaché notre salut.

Tous ceux qui disent : Seigneur, Seigneur, c'est-à-dire ceux qui ont la foi, n'entreront pas pour cela dans le royaume des cieux, mais ceux seulement qui auront marché à la lumière de ce divin flambeau, et dont les actions n'auront pas démenti la croyance. Les exemples de Sousi vous rendent la vertu aimable, vous avez la foi ; voulez-vous être sauvé ? Imitez ses exemples, retracez-les dans votre conduite. Il vous en coûtera... mais le ciel, aussi, n'est accordé qu'à titre de conquête et à ceux qui se font violence. Une couronne immortelle mérite bien qu'on l'achète ! Au reste, ce qui coûte le plus dans la vie chrétienne, ce n'est point de marcher dans les voies de la vertu, c'est d'y entrer. Une âme lâche, un cœur sans énergie, un jeune homme enfin qui n'interroge que ses passions et n'écoute que sa faiblesse, se figure l'empire de la vertu comme une région triste et malheureuse, qui dévore ses habitans. Mais, a-t-on eu le courage d'y pénétrer, les monstres qu'on s'y figurait s'évanouissent, on n'y trouve plus qu'une terre de bénédiction où coulent le lait et le miel, et l'on a honte de ses frayeurs chimériques. L'essentiel donc, cher lecteur, pour imiter Sousi, c'est de vouloir sérieusement, c'est de commencer, c'est de faire généreusement les premiers pas dans la route qu'il vous a tracée. Vous le pouvez sans doute ; et, tandis que ses bons exemples vous invitent, votre propre conscience vous sollicite, et Dieu lui-même vous appelle : entrez donc dans la carrière qui doit vous conduire au bonheur, et, pour vous y soutenir, je vous exhorterai à contempler de nouveau le modèle encourageant que je vous ai proposé, en faisant sur vous-même un retour réfléchi.

Sousi, dès le moment où il fait sa première communion, paraît s'élever au-dessus des faiblesses de l'enfance, et montre déjà une piété édifiante. A l'âge de treize ans, il se propose une règle de conduite dont la sagesse étonne, et les moyens qu'il prend pour y être fidèle sont efficaces : c'est que le pieux jeune homme allait à Dieu dans la droiture de son âme, et Dieu bénit toujours un cœur simple et généreux. Vous avez fait vous-même votre première communion, et peut-être y a-t-il déjà bien des années : aviez-vous eu soin de vous pénétrer, comme Sousi, de la grandeur de cette action? en aviez-vous retiré les mêmes fruits que lui? vous aviez du moins formé comme lui de bonnes résolutions; peut-être même les aviez-vous aussi mises en écrit. Mais vos résolutions ont-elles été aussi efficaces que les siennes? et, si elles ne l'ont pas été, à quelle cause devez-vous l'attribuer? Les grandes vérités qui vous touchaient si fortement lorsque vous eûtes le bonheur de recevoir votre Dieu pour la première fois auraient-elles cessé depuis d'être des vérités, ou seraient-elles devenues des vérités moins importantes? Est-ce Sousi qui aurait eu tort en persévérant, ou vous-même qui l'avez eu en vous relâchant? Ce qu'un jeune homme sent si bien au temps d'une première communion, où l'Esprit de Dieu le pénètre et l'éclaire, il devrait sans doute le sentir toute sa vie ; et, pour peu qu'il s'aperçoive que ce sentiment s'affaiblit en lui, il doit se dire aussitôt : « Mon âme est malade, hâtons-nous de la guérir. »

La plus douce occupation de Sousi était de penser à Dieu et de converser avec lui ; il faisait ses délices de méditer sa loi sainte, et il y trouvait sa force et sa lumière. Il cherchait sa consolation et son entretien dans la lecture des livres de piété, qui sont également la parole de Dieu. Tout ce qui l'environnait parlait à son cœur le langage de la vertu : toutes les créatures lui prêtaient, pour ainsi dire, leur voix pour bénir le Créateur. Mais un jeune chrétien ne doit-il pas avoir ces sentimens et les nourrir en lui ? S'il ne les a pas ; si, au contraire, il abuse des créatures et des autres présens de Dieu contre Dieu même, il n'a plus le cœur d'un fils pour son père, il n'a plus l'esprit du christianisme ; comment aurait-il l'esprit ecclésiastique, qui en est la perfection ?

Sousi avait un zèle ardent pour les intérêts de Dieu : il ne pouvait le voir oublié, et souvent outragé, sans se sentir pénétré d'un profond sentiment de douleur. Il s'appliquait à procurer sa gloire, en la manière que le peut faire un jeune homme. Il levait sans cesse les mains au ciel pour les besoins de la religion : il eut désiré pouvoir établir partout son règne sur les ruines de l'impiété, et, dans l'impuissance de faire pour Dieu tout ce que lui suggérait son zèle, il s'efforçait de le dédommager, en quelque sorte, de l'indifférence des autres par la ferveur des hommages qu'il lui rendait. Mais pouvez-vous vous-même, mon cher lecteur, vous flatter d'aimer Dieu comme Dieu doit être aimé, sans partager les sentimens de Sousi ? et pourriez-vous avoir ces sentimens dans le cœur, sans qu'il en parût quelque chose au-dehors ?

Le zèle de Sousi pour la gloire de Dieu embrassait celui du salut des âmes. Qu'il était ingénieux pour le procurer ! sa charité prenait toutes les formes pour gagner les cœurs, et il n'était jaloux de les posséder que pour les offrir à Dieu. C'est pour cela que sa piété, dans sa plus grande ferveur, n'avait rien que d'engageant ; il en gardait toute l'austérité pour lui, et n'en montrait aux autres que les doux avantages. Son commerce était charmant. Toujours plein de douceur et de complaisance envers ses condisciples et ceux avec lesquels il avait quelque relation, il souffrait tout de leur part, il leur accordait tout, il leur sacrifiait tout, excepté le devoir et la conscience; content, lorsqu'à ce prix il avait pu les disposer à recevoir les conseils de la sagessse : aussi ne pouvait-on le fréquenter sans l'aimer, ni l'aimer sans désirer de lui ressembler. Ce qu'on n'était pas encore en s'approchant de lui, on le devenait nécessairement dans sa société. Rappelez-vous sur quoi roulaient ses entretiens avec ses amis ; sur quel ton il leur écrivait; quels conseils il leur donnait; mais surtout quels exemples! il était auprès d'eux d'une singulière modestie. Digne en tout d'être leur maître, et lorsqu'il l'était en effet, il se croyait leur disciple. C'était en prenant leurs conseils qu'il leur donnait les siens ; c'était en faisant leur volonté qu'il commandait à leur cœur. Telle est la véritable amitié : la gloire de Dieu est toujours le but, la vertu en est le lien sacré, et la perfection mutuelle des amis en est le précieux fruit. Or, mon cher lecteur, comme les amis de la jeunesse sont presque toujours les amis de tous les âges, de quelle conséquence n'est-il pas pour vous de n'en choisir que de vertueux?

Serait-il même possible que vous trouvassiez un ami véritable hors de la classe des jeunes gens vertueux? Un lâche flatteur fut-il jamais un ami? L'homme de scandale ou le séducteur oserait-il en usurper le nom? et voudriez-vous appeler amitiés ces liaisons perfides plus redoutables pour ceux qui ont le malheur de les contracter que ne le fut jamais la haine la plus déclarée?

Le cœur charitable de Sousi s'attendrissait sur les besoins de tous les hommes, et les plus abandonnés devenaient les objets privilégiés de ses soins. Peu de jeunes gens de son âge auraient pu dépenser autant que lui pour ses amusemens; il dépensait moins qu'aucun. Aussi économe pour lui-même qu'il était libéral envers les pauvres, il se serait reproché la dépense de trois livres pour une partie de plaisir avec ses amis, et il semblait compter pour rien de donner dix-huit francs à un seul pauvre. Vous applaudissez à ces sentimens, mon cher lecteur; mais pourquoi ces sentimens ne sont-ils pas ceux de tous les jeunes gens aisés? Après que la Providence vous a donné abondamment le nécessaire pour la nourriture et le vêtement, votre superflu ne devrait-il pas être le patrimoine des pauvres? Vos besoins satisfaits, on fournit encore à vos plaisirs; mais le nécessaire de l'indigent, qui est votre frère, ne doit-il pas être préféré à vos plaisirs? et quel plaisir plus doux pour un cœur sensible que de donner du pain au malheureux qui a faim, ou de couvrir la nudité de celui qui a froid? Mais, pour une âme chrétienne, est-il satisfaction comparable à celle de savoir que, dans la personne du pauvre dont elle a eu pitié, c'est Jésus-Christ lui-même qu'elle a soulagé?

Comme les besoins physiques de l'homme ne sont encore que ses moindres besoins, l'indigence spirituelle était celle qui touchait le plus Sousi. Lorsqu'un pauvre lui demandait l'aumône, il se disait à lui-même : « Peut-être que sa misère intérieure est plus grande encore que celle que j'aperçois; » et, en le soulageant, il cherchait à l'éclairer. Il lui apprenait à se consoler de la privation des richesses du temps par la recherche des biens éternels. Nous ne demanderons pas de tous les jeunes gens, de ceux surtout qui ne sont pas appelés au ministère évangélique, qu'ils portent aussi loin que Sousi le zèle de la sanctification des âmes; nous ne leur ferons pas une obligation de rassembler, comme il faisait, les enfans des pauvres, et d'acheter d'eux, à prix d'argent, le plaisir de leur parler de Dieu et du salut. Sousi pratiquait jusqu'aux conseils de la charité; mais un jeune homme, quel qu'il soit, ne peut se dispenser d'en remplir les devoirs, et c'en est un pour vous, mon cher lecteur, de ne pas laisser dans son aveuglement ce condisciple qu'il vous serait aisé d'éclairer par un bon avis, cet ami que vous voyez courir évidemment à sa perte : car c'est là ce prochain dont il est dit que Dieu a confié la garde à chacun de nous. Et pourrait-on vous supposer le degré de charité nécessaire, je ne dis pas à un ministre, mais à un disciple de Jésus-Christ, lorsque cette charité, le plus urgent des préceptes divins, n'irait pas même en vous jusqu'à vous engager à avancer la main pour empêcher que votre frère ne tombe dans le précipice, ou, s'il était tombé, à faire quelques démarches faciles pour l'aider à en sortir ?

Quelle prudence encore et quelle discrétion dans le zèle de Sousi le plus ardent ! Il commençait par l'exercer sur toute sa conduite avant de le porter sur les autres : il leur montrait toujours plus qu'il ne leur conseillait ; il ne parlait jamais d'une vertu dont il ne fût lui-même un modèle. Et quelle présomption plus blâmable que celle de ces jeunes gens qui prétendent corriger les défauts des étrangers, sans avoir commencé par réformer les leurs ?

XXIII

Modèle d'obéissance et de soumission envers ses parens et ses supérieurs, Sousi ne se contentait pas de suivre leurs volontés, il étudiait leurs désirs et les prévenait. Il savait que leur obéir, c'était obéir à Dieu même : il les respectait comme les anges visibles que le ciel avait commis à sa garde. Il leur prouvait sa tendresse, non par de vaines démonstrations et des caresses puériles, mais par une régularité soutenue, et en sollicitant continuellement pour eux les grâces du salut. Ces sentimens sont beaux et louables sans doute, mais ils sont si naturels aussi à une âme chrétienne et à un cœur bien né qu'on doit bien moins s'étonner de les rencontrer dans un grand nombre de jeunes gens que de les désirer dans quelques-uns.

Nous avons vu Sousi remplir avec empressement tous ses devoirs d'étudiant, et ne les remplir jamais qu'en vue de Dieu. Ce grand motif lui faisait trouver le travail agréable ; et un jeune homme d'esprit ne peut manquer de s'appliquer avec succès quand il le fait avec goût. Ce succès néanmoins n'enfla jamais Sousi, trop sage pour s'attribuer à lui-même les dons de Dieu et la grâce qu'il lui faisait de sentir la nécessité de les faire fructifier. Heureux sons doute le jeune homme qui sait se faire une vertu et bientôt un plaisir du travail, ce devoir commun à tous les âges et presque à tous les hommes ! car, s'il est vrai que le travail soit un joug imposé aux enfans d'Adam, il faut convenir que ce joug ne pèse pas également sur tous : léger pour ceux qui le portent, il ne fatigue que ceux qui le traînent.

La preuve la moins équivoque de la solidité des vertus de Sousi, c'était son humilité. La modestie, qui est le premier fruit de cette vertu, paraît en lui dans un degré éminent. On le voit se mettre partout au dernier rang. Il ne s'empresse pas plus à parler de ce qu'il sait que de ce qu'il est. Il se montre toujours plus curieux d'apprendre que jaloux d'instruire, plus disposé à écouter qu'à parler. Doué de toutes les grâces extérieures du corps, il l'ignore lui-même, et l'on eût craint de parler de la beauté de sa figure à un jeune homme qui ne savait estimer que les qualités de l'âme. Il n'a pas non plus la folle prétention de se faire un mérite personnel de la noblesse de sa famille, de ses richesses ou de son crédit. Nous voyons encore qu'il a peine à s'imaginer qu'un être raisonnable puisse s'estimer plus qu'un autre, parce qu'il porte un plus bel habit; ou se croire la tête meilleure, parce qu'elle est plus parée. On ne peut disconvenir, mon cher lecteur, que la modestie, qui plaît dans tous les âges, ne convienne spécialement à la jeunesse, et n'en soit un des plus beaux ornemens. Par la sage retenue qu'elle lui impose, elle lui épargne toutes les humiliations de l'orgueil, et lui concilie les suffrages du monde sensé. Ne voulussiez-vous donc consulter que l'intérêt présent, vous devriez encore vous appliquer à être modeste; et, quand même la modestie n'aurait pas l'avantage d'être une vertu chrétienne, elle serait encore une qualité sociale, et, pour un jeune homme, une bienséance de l'âge et un degré facile vers l'estime publique.

L'humilité de Sousi se fait surtout remarquer dans les précautions et les sages mesures qu'il prenait pour assurer sa persévérance dans le bien. Toute espèce de danger l'effrayait, et il en fuyait jusqu'aux moindres occasions, plus empressé pour garantir son innocence que ne le sont pour la recouvrer ceux qui ont eu le malheur de la perdre. Il ne craignait rien tant que de se trouver au milieu du grand monde. Obligé cependant d'y paraître, malgré lui, il y était comme n'y étant pas, sachant se soustraire également et à la frivolité de ses entretiens qui dissipent l'âme, et au danger de ses divertissemens qui l'amollissent et la corrompent. Et croiriez-vous vous-même, mon cher lecteur, sans les précautions qu'employait Sousi, et de plus grandes encore, s'il est possible, pouvoir garantir votre faible vertu des écueils qui l'attendent dans le monde? Les connaissez-vous même ces écueils? sentez-vous bien tout le danger de leur universalité dans le siècle de licence où vous vivez? savez-vous que les scandales domestiques sont aujourd'hui les premiers qui corrompent les jeunes gens? savez-vous qu'au sein même de vos familles vous pourrez entendre condamner les maximes de Jésus-Christ par les maximes du monde, faire l'apologie des spectacles et des divertissemens les plus incompatibles avec l'innocence du cœur ? Si vous fréquentez la société des jeunes gens du monde, savez-vous que votre vertu la plus commune, et dont vous sentez vous même l'insuffisance, ils l'appelleront bizarrerie, singularité, vain scrupule ? que bientôt ils vous tiendront les propos les plus capables de révolter la pudeur ; ils vous plaindront de n'avoir pas lu, comme eux, les livres les plus obcènes, ils vous en feront l'analyse ; et, pour calmer, s'il est possible, vos trop justes alarmes, ils attenteront à votre foi même, en vous répétant, avec le ton de la confiance qu'ils n'ont pas en effet, tous les blasphèmes imprimés de nos jours contre Dieu et sa loi sainte ?

Peut-être sortirez-vous du cercle de vos connaissances pour voyager ; mais savez-vous qu'aujourd'hui le voyageur, en France, compte ses pas par les scandales qu'il rencontre ? savez-vous que vous n'aurez presque jamais pour compagnons de voyage que des Juifs ou des Turcs ; des hommes qui vous demanderont pourquoi vous allez à la messe le dimanche, et pourquoi vous ne faites pas gras, comme eux, le vendredi et le samedi ? Savez-vous que, parmi ces hommes Juifs et Turcs, vous en trouverez quelquefois qui auront l'air d'appartenir au christianisme, et même d'être marqués d'un caractère auguste parmi les chrétiens? savez-vous enfin qu'au milieu de tous ces scandales, vous ne pourrez-vous montrer plus religieux que les autres sans devenir l'objet de leurs railleries sacriléges, à moins que vous ne possédiez cet assemblage bien rare de qualités imposantes qui commandent le respect pour la vertu à ceux mêmes qui font profession d'outrager la vertu? Sousi avait-il donc tort de tant craindre le monde? ou n'est-ce pas vous qui l'avez de le craindre si peu? Non, sans doute, on ne résiste pas sans de grands efforts à ce torrent débordé des maximes et des usages du monde; il faut à un jeune homme tout le courage de la vertu pour triompher du scandale impérieux de ces exemples, et Sousi agissait bien sagement lorsqu'il préférait une fuite, qui n'a rien que d'honorable, aux dangers d'un combat dont le succès est toujours incertain.

XXIV

Parmi les vertus qui font l'ornement de la jeunesse, il n'en était aucune que Sousi s'appliquât à conserver plus soigneusement que la chasteté, et il n'en est point non plus de plus délicate. On pourrait dire encore qu'elle est la plus précieuse des vertus dans un jeune homme; non pas qu'elle soit supérieure à celles qui ont directement Dieu pour objet, mais parce qu'elle en est le soutien et le seul garant.

En effet, répondez-moi de la chasteté d'un jeune homme, et je vous répondrai de sa foi et de ses autres vertus ; dites-moi, au contraire qu'il a eu la faiblesse de prêter l'oreille aux discours licencieux de cet ami dépravé, et qu'il a cessé d'être chaste, et je vous assurerai que dès-lors il ne tient plus à aucuns principes vertueux. Non, n'attendez plus rien de ce malheureux jeune homme, ou n'en attendez plus rien que de sinistre ; n'en attendez plus que des chutes honteuses et des écarts funestes. Vous le chercherez inutilement lui-même en lui-même, vous ne le trouverez plus. Doux, honnête, aimable comme Sousi, dans les jours de son innocence, il annonçait, comme lui, la candeur et l'ingénuité dans tout son extérieur ; aujourd'hui vous lui verrez tantôt un air sombre et inquiet jusqu'au trouble, et tantôt un air de dissipation portée jusqu'à une sorte de délire. Les amusemens les plus innocens suffisaient autrefois à son cœur innocent ; aujourd'hui son cœur coupable lui demande des plaisirs criminels. Il aimait alors ses maîtres dont il était chéri, il ne sait plus que les craindre et les fuir ; à peine ose-t-il porter sur eux un regard mal assuré. Il lui semble qu'ils lisent au fond de sa conscience, et qu'ils en découvrent tout le désordre ; et quelquefois il ne se trompe pas. Il se plaisait dans la société des jeunes gens les plus vertueux ; leur présence seule lui devient importune ; il les évite comme des censeurs austères de sa conduite, et, bientôt peut-être, leur vertu même deviendra l'objet de ses dérisions insensées. Il aimait aussi à entendre parler des choses de Dieu, et il en parlait lui-même dans l'occasion ; ses lèvres s'ouvraient avec plaisir pour les louanges du Seigneur, parce qu'elles étaient pures ; aujourd'hui son cœur est de glace en présence de son Dieu, et sa langue est liée dans l'exercice même de la prière. C'est que l'esprit qui le possède, trop éloquent pour le mal, est toujours, comme celui que chassait le Sauveur du monde, un esprit muet pour le bien.

Peut être croirez-vous, mon cher lecteur, avoir peu à craindre vous-même de ces dangers dans une maison chrétienne où tout vous rappelle à la piété ; mais fussiez-vous dans le sanctuaire même de l'innocence ; fussiez-vous vertueux de toute la vertu de Sousi, et résolu encore de faire bientôt au Seigneur le vœu d'une chasteté parfaite, un conseil que vous ne sauriez négliger sans un danger éminent pour cette précieuse vertu, c'est d'apporter pour la conserver autant de soins et d'attentions qu'en avait Sousi. Car en vain prétendriez-vous éviter le naufrage, si vous affrontiez les écueils ; en vain me diriez-vous et vous diriez-vous à vous-même : « Je veux être chaste : » je vous croirai dans l'illusion, et vous y serez en effet, si vous ne vous faites, comme Sousi, un devoir de l'application au travail ; si, comme lui, vous ne fuyez l'oisiveté jusque dans les jours accordés à vos délassemens ; si vous ne savez pas commander à l'appétit sensuel et obéir aux lois de la tempérance et de la sobriété. Mais que serait-ce donc si l'on vous voyait sourire à une mauvaise équivoque, prêter l'oreille à un propos licencieux, arrêter vos regards sur des objets dont votre cœur ne peut s'occuper sans crime ? et croiriez vous beaucoup vous-même à la vertu de Sousi si, content de s'interdire ces lectures obcènes qui révoltent la pudeur la moins délicate, il se fût permis celle de ces aventures romanesques et de ces fictions théâtrales où le poison est préparé avec plus d'art ? si, après s'être fait un juste scrupule de la fréquentation des spectacles du théâtre, il eût permis à ses yeux de contempler le dangereux spectacle qu'offrent de toutes parts l'indécence des modes et l'audace effrénée du pinceau et du burin ?

Sousi était tellement en garde contre les dangers de l'oisiveté qu'on ne saurait dire en quel temps il était le plus occupé, ou pendant le cours de l'année scolastique ou pendant ses vacances. Ce temps de repos, si funeste à tant de jeunes gens, était pour lui l'époque d'une riche moisson de bonnes œuvres. C'était pendant le loisir de ses vacances qu'il s'exerçait le plus à la prière et à la mortification des sens ; c'était pendant ce temps qu'il fuyait avec plus de soin la dissipation des sociétés mondaines, qu'il cherchait Dieu dans la solitude de Joui, et que, maître absolu de son temps, il se traçait à lui-même une règle qui en consacrait tous les momens. Heureux, mon cher lecteur, heureux le jeune homme qui sait s'occuper dans tous les temps ! Heureux vous-même si vous sentez, comme Sousi, que, s'il est des jours où l'on peut se délasser, il n'en est aucun où il soit permis d'être oisif ; et pourrait-on jamais l'être impunément ? Mais une triste expérience nous apprend que les vertus les plus faibles sont presque toujours les plus présomptueuses ; et que de jeunes gens ne voyons-nous pas qui, après s'être soutenus loin des dangers et près des secours, vont malheureusement perdre, dans l'oisiveté d'une vacance, le fruit de plusieurs années de vigilance et de combat, et se précipiter dans les derniers malheurs, pour n'avoir pas su les craindre et voulu les éviter !

Parmi les vertus de Sousi, son amour pour les mortifications et les souffrances porte un caractère d'héroïsme que le Saint-Esprit inspire à certaines âmes privilégiées sans l'exiger du commun des chrétiens. Aussi, pour ne rien outrer dans un ouvrage qui doit être comme un miroir sans tache pour mes lecteurs, j'avouerai que je ne leur propose pas pour règles toutes les austérités que le pieux jeune homme avait le courage de pratiquer ; je ne leur fais pas un devoir de traiter leurs corps coupables aussi rigoureusement qu'il traitait lui-même son corps innocent; mais, s'ils veulent vivre en disciples de Jésus-Christ, et mériter aux moins une place dans le ciel aux pieds du fervent Sousi, il est indispensable pour eux qu'ils mènent une vie chrétienne, qui est nécessairement une vie pénitente. S'ils n'ont pas le courage, comme Sousi, d'aller au-devant des mortifications, il faut qu'ils aient du moins celui de les souffrir avec résignation, lorsque la Providence les leur ménage pour leur salut ; il faut qu'ils supportent, en vue de Dieu, un travail qui leur coûte, une règle qui les assujettit, des exercices qui contrarient leurs penchans, des reproches qui humilient la nature, et quelquefois même des rigueurs qui l'affligent. Que devons-nous penser, je ne dirai pas de la piété, mais du christianisme d'un jeune homme que nous ne verrons occupé qu'à rechercher ses aises et à flatter ses goûts ; qui se croit esclave dans un collége ou dans un séminaire, parce qu'il n'y a de liberté que pour le bien ; qui tantôt murmure contre la règle, et tantôt contre ceux qui la font observer ; qui juge qu'on en fait toujours trop pour éclairer son esprit et sanctifier son âme, et jamais assez pour divertir ses sens et flatter son corps ; qui, ne pouvant rien souffrir de personne, voudrait que chacun fût disposé à tout souffrir de lui ; qui, dans la bizarrerie de son humeur, s'irrite contre tout ce qui la contrarie, et jusqu'à s'en prendre quelquefois aux élémens mêmes, et aux êtres inanimés, s'il éprouve à leur occasion quelque sensation désagréable ? Un tel jeune homme, avant de marcher sur les traces de Sousi, a sans doute un bien grand espace à parcourir. Mais la grâce cependant peut le combler ; et celui qui se reconnaîtrait à ce portrait, au lieu de désespérer de lui-même, doit se rappeler que toute la tendresse du bon Pasteur est pour la brebis égarée qui revient à lui.

Nous avons vu que c'était une des pratiques les plus ordinaires de Sousi de réfléchir sur les grandes vérités de la foi, dont il craignait toujours de n'être pas assez pénétré. Il pensait habituellement à la mort et à ses suites. Il se citait souvent au tribunal du souverain Juge, et toute sa vertu le rassurait à peine sur des actions qu'un Dieu devait juger, et sur un jugement qu'une éternité devait suivre. Mais Sousi, en se rappelant ainsi ses fins dernières, que faisait-il autre chose que d'obéir au conseil que donne le Saint-Esprit à tout homme qui veut efficacement éviter le péché ? et ce conseil salutaire ne regarde pas moins sans doute celui qui aurait eu le malheur de le commettre. Aussi j'oserais répondre de sa conversion à tout pécheur fidèle à le suivre. Faites-lui, dirai-je, en vue de vous relever, ce que faisait Sousi dans la crainte de tomber. A son exemple, placez-vous souvent en esprit sur le penchant de l'éternité ; mesurez-en, comme lui, les profondeurs par la foi ; rapprochez, par l'imagination, ces torrens de pures délices qui enivrent les élus de Dieu dans le ciel, de ces fleuves de feu où sont noyés ses ennemis dans l'enfer, et dites-vous à vous-même : « Beau ciel, tu n'es pas pour le pécheur ; non, le pécheur ne te verra jamais. Feu dévorant, le pécheur est ta proie naturelle ; feu dévorant, si je suis pécheur, je suis donc destiné à te servir d'aliment éternel : et ce sera demain, ce sera cette nuit peut-être qu'on me redemandera mon âme, et que j'entrerai dans la carrière interminable de mes supplices ! » Oui, mon cher lecteur cette seule pensée a souvent suffi, et, sérieusement méditée, elle suffira toujours pour changer le pécheur le plus endurci en un modèle de pénitence.

De toutes les actions de Sousi, la plus douce et la plus consolante pour sa piété, c'était la Communion ; aussi voyons-nous qu'il la répétait bien fréquemment.

Souvenez-vouss mon cher lecteur, qu'on ne saurait communier trop souvent quand on le fait aussi saintement que lui. De tous les moyens que nous offre la religion pour nous soutenir dans le bien, le plus efficace, c'est la Communion. Il est comme l'abrégé de tous les autres; et tous les autres, sans lui, seraient insuffisans. Et dites-moi, je vous prie, sont-ce ceux qui communient le plus rarement qui peuvent le faire en de meilleures dispositions ? sont-ce ceux qui paraissent le plus rarement à la Table sainte qui donnent les meilleurs exemples dans une maison d'éducation ? et que peut-on attendre que des chutes et des scandales de la part de ce jeune homme qui vit, pour ainsi dire, en excommunié au milieu de tous les secours de la religion, dans une maison spécialement destinée à le former à la piété

Le sage Sousi, arrivé à cette époque importante où il convient qu'un jeune homme s'occupe du choix d'un état de vie, consultait le Seigneur, et le conjurait, dans la ferveur de ses prières et de ses communions, de lui montrer la voie qu'il devait suivre pour arriver au terme du salut. Mais, en même temps qu'il lui demandait de lui faire connaître sa volonté pour l'avenir, il s'appliquait par-dessus tout à sanctifier le temps présent, persuadé que la meilleure disposition pour mériter d'entendre la voix de

Dieu, c'est de vivre habituellement dans sa grâce. Cet exemple de Sousi, s'il était toujours suivi, épargnerait à bien des jeunes gens de grands dangers pour le salut, suites inévitables de leurs démarches irréfléchies. Leur vocation viendrait du ciel, et serait à eux; elle ne leur serait ni suggérée par des passions aveugles, ni dictée par des parens intéressés. L'Eglise de Dieu n'aurait pas à gémir de tant de désordres qui troublent la société ; nous ne verrions pas du moins le plus saint de tout les états profané par des vocations humaines ; et les barrières sacrées du sanctuaire, qui ne devraient s'ouvrir que pour les talens et la vertu, ne seraient jamais forcées par l'ignorance et la cupidité.

Je vous ai proposé, mon cher lecteur, la vie de Sousi pour modèle ; je l'ai proposée aux jeunes gens de toutes les classes, aux laïques comme aux ecclésiastiques : et j'ai pu le faire, puisque Sousi était un laïque, et que toutes les conditions, comme tous les âges, sont appelées par le Sauveur du monde à la perfection chrétienne que pratiquait le pieux jeune homme, avec cette seule différence que certains traits de sa vie et certaines pratiques, qui ne seraient que de conseil pour le jeune laïque, peuvent être de précepte pour le jeune ecclésiastique.

Tout vertueux qu'était Sousi, Sousi mourut à la fleur de l'âge ; la mort n'est donc point un mal. Sousi la désirait, et quel est le jeune homme qui ne s'estimât heureux de terminer comme lui sa carrière ? Une si belle mort, mon cher lecteur, est le fruit naturel d'une sainte vie ; fruit précieux, sans doute, pour le juste qui le recueille, mais qui n'est pas encore le dernier fruit de sa vertu. Ni l'homme de bien qui a édifié par des actions louables, ni le pécheur qui a offert des scandales, ne meurent jamais entièrement pour ceux qui leur survivent ; et, tandis que celui-ci tient encore à la terre par une chaîne malheureuse d'iniquités dont il est le premier anneau, et qu'il continue ainsi de pécher dans les autres lorsque lui-même n'est plus, le juste se survit également, mais d'une manière bien différente, et le trésor de ses mérites s'accroît à mesure que le souvenir édifiant de ses actions se perpétue dans la mémoire des hommes. C'est ainsi que le vertueux Sousi, qui fit tant de bien pendant sa vie, continue d'en faire après sa mort. Il n'est plus, mais les beaux exemples qu'il a donnés subsistent dans toute leur force.

Ce n'est plus le son de sa voix que nous entendons, mais la voix puissante de ses vertus s'élève du fond de son tombeau ; elle se fait entendre au loin dans l'étendue des âges ; et, dans ce moment encore, elle parle au cœur de ce jeune homme vertueux pour l'encourager et le soutenir ; elle tonne dans la conscience de ce jeune pécheur pour le réveiller et le convertir ; elle nous parle à tous ; et c'est elle qui m'inspire à moi-même cette confiance que tous mes lecteurs se sentiront touchés, les uns du désir de consommer l'œuvre déjà commencée de leur salut, les autres d'un regret efficace de l'avoir trop longtemps négligée : *Defunctus adhuc loquitur*.

PRÉCIS

DE LA VIE

DE MAURICE LE PELETIER

FRÈRE DE SOUSI.

Ce que nous ajoutons ici à la vie de Sousi ne paraîtra ni étranger à notre but, qui est d'édifier, ni même à notre sujet, puisqu'il est certain que les vertus de Maurice furent le fruit des vertus de Sousi, et qu'elles doivent lui être attribuées comme l'effet à sa cause.

Maurice Le Peletier, dont nous avons souvent parlé,

mais que nous n'avons presque fait connaître que par des traits de légèreté, fut, de tous les jeunes gens témoins de la sainte vie de Sousi, celui sur qui sa mort fit la plus heureuse et la plus durable impression. Semblable à une infinité de jeunes gens, Maurice, sans avoir de vices grossiers, et en ayant même horreur, avait néanmoins de grands défauts. Il vivait dans une dissipation d'esprit qui, à l'âge où il était déjà parvenu, car il avait dix-huit ans, ne pouvait qu'inspirer de justes craintes sur l'avenir. On peut dire que son enfance avait duré jusqu'à cette époque. Sa conduite contrastait en tout avec celle de son frère, tous ses goûts étaient différens ; et si la douceur et la patience de Sousi n'eussent été à l'épreuve de toutes les contradictions, Maurice lui aurait donné des chagrins habituels. Il prenait plaisir tantôt à l'interrompre dans ses exercices de piété, tantôt à troubler les pieux entretiens qu'il avait avec ses amis. Il était exigeant auprès de lui, et se croyait en droit, comme son aîné, de le dépouiller de ce qu'il avait, dès que sa fantaisie le lui conseillait. Il lui commandait impérieusement, et il voulait être obéi, abusant ainsi de la facilité du bon Sousi, toujours disposé à excuser ses caprices, et qui ne craignait rien tant que de laisser à son frère la moindre occasion de commettre la plus petite faute. Avec ces défauts, Maurice avait une chose pour lui : c'est que, sans avoir le courage d'imiter son frère, et dans le temps même qu'il exerçait le plus sa patience, il conservait un grand fonds de respect pour sa piété. Il le regardait comme un saint, et ne disait jamais que du bien de lui dans les occasions. Il l'aimait beaucoup pour sa douceur et sa complaisance; il paraît même qu'il se plaisait dans sa compagnie, parce que le pieux jeune homme, en lui offrant l'exemple de sa régularité, ne prétendait pas lui en faire une loi.

Tel était Maurice Le Peletier lorsqu'il vit mourir son frère, ce frère plus jeune que lui, mais déjà consommé dans la vertu, parce qu'il avait porté le joug du Seigneur dès ses plus tendres années. Moins heureux sans doute que celui qui pratique la vertu, celui cependant qui l'aime dans ceux qui la pratiquent n'a souvent qu'un pas à faire pour devenir vertueux lui-même; comme, au contraire, le plus sinistre de tous les préjugés contre un jeune homme, c'est lorsque son éloignement pour la vertu va jusqu'à lui rendre odieux ceux mêmes qui en font profession. La sainte vie de Sousi avait disposé Maurice en faveur de la vertu; sa mort précieuse lui inspira le courage de pratiquer ce qu'il aimait déjà. C'est à cette époque que tout-à-coup son esprit fut éclairé et son cœur changé. Il lui semblait voir partout la touchante image du vertueux Sousi, qui l'invitait à marcher sur ses traces, et il n'eut de repos qu'après qu'il eut pris la ferme résolution de lui ressembler. Fidèle dès-lors à toutes les impressions de la grâce, et devenu un homme tout nouveau, il semblait être son frère ressuscité. Ses parens, ses amis, tous ceux qui l'avaient connu, ne le reconnaissaient plus ; on le cherchait lui-même dans lui-même, et chacun, en le voyant, se demandait si c'était lui.

La première démarche que lui conseilla sa piété, déjà sage en naissant, ce fut de concerter les moyens d'échapper au monde, dont la figure avait déjà commencé à l'éblouir. Et le moment qu'il choisit pour renoncer au monde, c'est celui où le monde s'offre à lui dans la perspective la plus séduisante, et promet à son jeune âge, avec une ample moisson de plaisirs, tous les avantages de la fortune dont peut se flatter le fils d'un ministre en crédit. Maurice jusqu'alors ne s'était pas encore occupé du choix d'un état de vie : quelques jours de réflexions sérieuses lui suffirent pour se déterminer irrévocablement. Dans la douleur d'avoir négligé de donner, comme Sousi, les prémices de sa jeunesse au Seigneur, il résolut de lui consacrer toute sa vie dans l'état ecclésiastique. Une telle résolution avait de quoi surprendre, elle pouvait même paraître une suite de la légèreté de son caractère à ceux qui ignoraient ce qui se passait dans son cœur depuis la mort de son frère; mais, comme elle partait d'un grand principe de foi, elle fut inébranlable, et la suite fit voir qu'une âme généreuse n'a pas toujours besoin de longues délibérations pour se déterminer à de grands sacrifices.

La première fois que Maurice s'ouvrit à son confesseur sur la disposition où il était, il en reçut pour réponse qu'une démarche telle que celle du choix d'un état de vie ne pouvait être trop mûrement examinée, et qu'il devait, par-dessus tout, consulter Dieu dans ses prières et ses communions. Le conseil était sage, et Maurice le trouva facile à suivre. Son zèle ne redoutait aucune des épreuves auxquelles on voudrait soumettre sa pieuse résolution. Le père du jeune homme, imaginant d'abord que cette vocation soudaine de son fils n'était que l'effet d'un mouvement de ferveur déterminé par la circonstance, commença par lui opposer de sages délais. Maurice n'en fut pas découragé. Un jour que le roi, qui se plaisait quelquefois à s'entretenir familièrement avec ses ministres, demandait au contrôleur-général à quoi se destinait le plus jeune de ses fils, M. Le Peletier lui répondit que, depuis qu'il avait été témoin de la sainte mort qu'avait faite le plus jeune de ses frères, il ne cessait de le tourmenter pour qu'il lui permît d'embrasser l'état ecclésiastique ; « mais je craindrais, ajouta le ministre, qu'il ne s'engageât trop légèrement, et que son caractère vif et enjoué ne convînt pas aux fonctions sérieuses de cet état. — C'est bien pensé, reprit le monarque ; mais je vous donnerai un moyen de vous assurer de la vocation du jeune homme. Dites-lui de ma part que je pense à lui pour une place de secrétaire d'Etat; si, après cela, il persévère à vouloir se faire ecclésiastique, vous aurez lieu de croire que sa vocation vient de Dieu. »

Conformément aux ordres du roi, M. Le Peletier prit son fils en particulier, et lui dit qu'il était temps qu'il songeât à acquérir les connaissances nécessaires pour remplir prochainement une place de secrétaire d'Etat que le roi avait la bonté de lui destiner. Cette proposition, qui, peu de mois auparavant, aurait comblé de joie le jeune homme, lui serra le cœur au point qu'il ne put répondre à son père que par le silence de sa douleur. Dans l'espérance de trouver quelque adoucissement à sa peine, il alla sur-le-champ trouver son confesseur. C'était M. Polot, le même qui avait dirigé Sousi. Il lui exposa le cruel embarras où le jetaient les vues que son père avait sur lui, et le pria de l'aider de ses conseils. « Vous avez tort de vous inquiéter, lui répond le sage directeur ; monsieur votre père vous aime, il trouve une occasion favorable de vous avancer suivant les inclinations qu'il vous connaît, il faut profiter de ses bontés et de celles du roi pour vous. Il est vrai que, depuis la mort de monsieur votre frère, vous avez marqué quelque désir de vous faire ecclésiastique ; mais vous savez que jusqu'alors votre caractère a paru répugner à la gravité de cet état, et monsieur votre père est fondé à croire qu'une épée vous convient mieux qu'une soutane. Vous pourrez d'ailleurs, en menant dans le monde une vie utilement occupée, vous y sanctifier, et vous n'aurez, pour cela, qu'à vous former sur le modèle respectable que vous avez sous les yeux. »

Cette décision de son confesseur, bien loin de calmer l'inquiétude de Maurice, mit le comble à sa douleur. Il éclata en soupirs, et ses larmes parlèrent pour lui. Alors M. Polot, attendri lui-même par ce spectacle, embrasse le jeune homme, et lui dit : « Ayez donc confiance ; si c'est Dieu qui vous appelle, comme je commence à le croire, il amènera la volonté des hommes à ses desseins. » En effet, le contrôleur-général, frappé de la générosité avec laquelle son fils persistait à rejeter les offres précoces de la fortune, le laissa maître de suivre sa vocation.

Maurice était dans sa dix-neuvième année, et il était temps qu'il songeât à faire ses études ecclésiastiques dans un séminaire. C'était à Saint-Sulpice qu'il désirait les faire, dans cette maison que Sousi avait fréquentée avec tant de plaisir, mais pour laquelle il avait lui-même, en ce temps-là, un dégoût si marqué qu'un jour qu'il s'y trouvait pour faire une visite à quelques jeunes gens de sa connaissance, il leur dit, en les plaignant d'être obligés d'habiter un séminaire : « Il faudra, mes amis, qu'on soit bien fin si jamais on m'attrape dans cette maison-ci. » Cependant, lorsque lui-même en sollicitait l'entrée, la Providence sembla vouloir la lui fermer. Comme, depuis la mort de son frère, il voulait en tout point marcher sur ses traces, il s'était livré avec ardeur à tous ses devoirs, et ce passage subit de la dissipation aux réflexions sérieuses et au travail le plus opiniâtre lui avait altéré la santé, et si sensiblement que personne, dans la situation où il se trouvait, n'osait faire à son père la proposition de l'éloigner de lui. Mais son zèle persévérant triompha de cet obstacle comme des premiers, et c'est lui-même qui nous apprendra de quelle manière. Voici ce que je trouve dans un écrit secret où ce vertueux ecclésiastique avait consigné, avec l'exposé de différentes grâces qu'il avait reçues du ciel, les moyens qu'il se proposait d'employer pour y être fidèle, et en marquer à Dieu sa reconnaissance.

« Entièrement changé après la mort de mon frère Sousi, et devenu tout autre par la vertu de ses prières, comme j'en suis persuadé, je ne cessais de désirer et de demander à tout le monde qu'on me procurât l'entrée du séminaire, car je n'osais m'en ouvrir moi-même à mon père. Mais on trouvait dans le triste état de ma santé une raison pour combattre mes désirs par l'idée qu'on a de l'austérité de ces maisons. Cependant je m'enhardis un jour à en parler à mon père, et je le pris par ce que je savais être son faible, son extrême tendresse pour ses enfans. Je lui dis qu'il avait perdu un fils, et qu'il courait risque d'en perdre un second s'il ne m'accordait pas la grâce, après laquelle je soupirais, d'entrer au séminaire. Je me souviens encore, je n'oublierai jamais que son cœur s'attendrit, et quelques momens après il m'accorda la permission d'avoir une chambre à la petite communauté, et d'y aller de temps en temps passer quelques jours. Je reçus cette faveur avec beaucoup de joie. Mais, au bout de quelque temps, je regardais avec envie le grand séminaire, et je soupirais après le moment où je pourrais l'habiter. J'étais obligé, à cause de ma mauvaise santé, de prendre le lait d'ânesse, et c'était à onze heures et demie du soir qu'il le fallait prendre. Je m'avisai de demander à M. Tronson une chambre au grand séminaire pour y coucher, avec la permission de mettre mon ânesse dans l'écurie, parce qu'il n'y en avait point dans la petite communauté. Je me souviens que ce bon Père me dit en riant, et avec son air de bonté ordinaire : *Vous verrez qu'il trouvera le moyen d'entrer dans le séminaire par une ânesse;* et il m'accorda ce que je lui demandais. Quand j'eus cette chambre, je n'allais plus à la petite communauté que pour les repas, j'en prenais même ensuite assez souvent au grand séminaire, et ce mélange dura quelque temps, jusqu'à ce qu'enfin je restai entièrement au grand séminaire. Mon séminaire fini, je trouvai encore le moyen d'aller demeurer à Issy, où M. Tronson faisait sa résidence. J'y ai passé quatre ans avec lui. C'est un temps que je n'oublierai jamais, et que je regarderai toujours comme le plus précieux de ma vie. C'est là où j'ai tâché de me former sous ce digne maître, en l'étudiant dans toutes ses actions. »

L'abbé Le Peletier désirait dès-lors de s'associer à la Congrégation de Saint-Sulpice, et il en cherchait les moyens ; et c'est encore lui-même qui raconte à quelle occasion il en avait formé la résolution, avant même sa première entrée au séminaire. « Un excès d'étude, dit-il, et plus encore la peine extraordinaire que j'avais de me trouver dans le monde depuis la mort de mon frère, me réduisit à un état désespérant pour ma santé. Il me survint en ce temps-là un flux de sang qui augmenta encore le danger où j'étais, et donna lieu de craindre pour ma vie. Je ne laissai pas, dans cet état, d'aller un jour au séminaire pour me confesser : c'était un samedi; quand j'y fus arrivé, je rendis du sang en telle abondance que j'en fus effrayé plus que je ne l'avais encore été. Etant entré dans la chapelle, je me sentis porté à invoquer le vénérable M. Olier (1) pour obtenir de Dieu, par son intercession, le rétablissement de ma santé, et particulièrement la guérison de ce flux de sang. Je témoignai avec effusion de cœur à celui que j'invoquais le désir que j'avais dès-lors de passer ma vie

---

(1) M. Olier, fils d'un maître des requêtes, institua la Compagnie de Saint-Sulpice. C'était un ecclésiastique de la plus éminente piété. Étroitement lié avec saint Vincent de Paul, et le digne émule de son désintéressement et de ses vertus, il refusa l'évêché de Châlons-sur-Marne ; il remplit la capitale et les provinces des monumens de son zèle pour le salut des âmes, et mourut saintement vers le milieu du dernier siècle.

dans la Congrégation qu'il avait établie, et je fis, non le vœu, mais le propos de m'y attacher si je recouvrais la santé. Depuis ce moment je ne rendis plus une seule goutte de sang. »

L'abbé Le Peletier raconte ensuite que, depuis son entrée dans le séminaire, sa santé s'affermit de jour en jour, et enfin se rétablit parfaitement. Il ajoute que ce qui le confirma surtout dans le dessein qu'il avait formé de s'agréger à la société de Saint-Sulpice, ce fut de voir régner parmi les membres qui la composaient la charité, la subordination, l'éloignement de tout esprit de parti, l'amour de l'obscurité, un zèle exclusif pour les devoirs de leur profession, et enfin un désintéressement parfait, dont il cite des traits vraiment dignes d'admiration, et, entre autres, que, malgré toutes les avances qu'il faisait lui-même, aucun ecclésiastique de la Congrégation ne lui avait jamais témoigné ni directement ni indirectement le moindre désir de l'avoir pour confrère.

Cependant l'abbé Le Peletier, quoique pourvu de l'abbaye de Saint-Aubin d'Angers, continuait toujours de demeurer à Saint-Sulpice, ce qui laissait soupçonner le dessein où il était de s'attacher à la Congrégation. Sur ces entrefaites, l'abbé de Joui, son frère, nommé à l'évêché d'Angers, lui proposa de l'emmener avec lui, en faisant valoir le double avantage qu'il trouverait à résider dans son abbaye, et à travailler auprès de lui au salut des âmes. L'abbé de Saint-Aubin, toujours uni de cœur à Saint-Sulpice, et sans perdre de vue son dessein, suivit son frère à Angers; ce qui fit grand plaisir à toute sa famille, plus flattée de la perspective d'un évêché pour lui que de la direction d'un séminaire.

Un des premiers soins du nouvel évêque d'Angers, arrivé dans son diocèse, fut de demander à la congrégation de Saint-Sulpice des sujets pour la conduite de son séminaire. Et l'abbé de Saint-Aubin, chargé de négocier cette affaire, l'eut bientôt conclue par le zèle qu'il y mit. Les bâtimens du séminaire d'Angers se trouvaient alors en mauvais état, et il fallait les rétablir. La difficulté était de loger les séminaristes : l'abbé de Saint-Aubin la leva en offrant de les recevoir dans son abbatiale. Ainsi, par une disposition particulière de la Providence, il se trouva, en demeurant chez lui, au milieu de la société à laquelle il avait voué son attachement. Ce fut alors qu'il commença à remplir toutes les fonctions de directeur de séminaire; et celui d'Angers, qu'il habita long-temps, conserve encore un souvenir de reconnaissance pour les grands biens qu'il a reçus de lui dans tous les genres.

Ce fut là que le vertueux frère du vertueux Sousi s'affermit dans la résolution de ne jamais quitter les fonctions pénibles auxquelles il s'était dévoué, pas même pour accepter un évêché, si on venait à le lui offrir, comme il avait assez lieu de s'y attendre, vu la faveur dont jouissait alors sa famille. Rien de plus édifiant que de l'entendre se rendre compte à lui-même, au tribunal de sa conscience, des motifs de sa résolution, et de la préférence qu'il doit donner à l'emploi de directeur de séminaire sur la dignité épiscopale.

« Je vois les évêques, dit-il, chargés d'un très-grand détail, dont ils ne peuvent ni ne doivent se décharger sur personne. Je les vois employer un temps infini à écouter des plaintes, des demandes de dispenses, et le récit de mille désordres; je les vois dans la nécessité d'être toujours en garde pour n'être pas trompés. Un évêque est encore obligé de perdre beaucoup de temps à recevoir des visites inutiles, et à en rendre qui sont indispensables; et il faut qu'au milieu de tout cela il fasse en sorte de contenter tout le monde, de ne rebuter personne, d'être toujours égal, de ne point laisser apercevoir ses peines et ses dégoûts. Or, quelque aveugle que je sois sur moi-même et sur mes défauts, je me reconnais absolument incapable de cette discrétion et de ces efforts.

» On pourra convenir avec moi qu'il ne faut pas chercher l'épiscopat, et l'on me permettra de ne faire aucune démarche pour me le procurer ; mais on ajoutera que, si la Providence me le présente, la volonté de Dieu est que je l'accepte. Comme s'il n'y avait pas des Saints à qui l'épiscopat a été offert et qui l'ont refusé avec fermeté! Peut-on les accuser de n'avoir pas suivi la volonté de Dieu? et les grands biens qu'ils ont faits dans la suite ne sont-ils pas, au contraire, une preuve incontestable qu'ils ont été conduits par sa main?...

» Quant à ce qui qui m'a porté à me consacrer au service du clergé, le voici : il m'a paru qu'il n'y avait pas dans l'Église de Dieu de bien plus nécessaire et plus étendu que celui qui peut se faire par l'instruction des ecclésiastiques dans un séminaire. Un bon curé ne sanctifiera au plus que sa paroisse, ou, si l'on veut, quelques autres paroisses voisines ; un bon évêque ne sanctifiera que son diocèse; un homme apostolique, un excellent missionnaire, procurera le salut des âmes dans plusieurs paroisses, dans un diocèse entier, dans une province même, et, si l'on veut, dans tout un royaume : mais un bon et fidèle directeur de séminaire peut, sans sortir de sa maison, faire tout cela et beaucoup plus encore. Combien de paroisses convertira-t-il par ces bons curés, ces bons vicaires, ces bons prêtres qu'il formera ! combien de diocèses, par ces grands-vicaires, ces évêques même qu'il aura instruits ! que de provinces et de royaumes, par ces missionnaires qu'il aura élevés et préparés aux saintes fonctions qu'ils exerceront ! Et tout cela est encore multiplié par d'autres directeurs de séminaires, qui ont à celui-ci l'obligation de leur vocation.

» Je me souviens que le bon M. Polot, supérieur du séminaire de Saint-Nicolas-du-Chardonnet, mon premier directeur, me disait que c'étaient ces considérations qui l'avaient déterminé à quitter une grosse cure, où il avait la consolation de faire du bien, et il le disait avec des sentimens de joie et de contentement qui donnaient envie, je l'avoue, de suivre son exemple.

» D'ailleurs le bien que l'on fait dans un séminaire, quelque étendu qu'il soit, est caché ; et à peine sait-on dans le monde ce qui s'y fait. Il y a plus : un prêtre travaillera dans un séminaire pendant plusieurs années sans recevoir un seul remercîment ;

souvent, au contraire, on le chargera de malédictions : or voilà ma joie et ma consolation. »

Les personnes que consulta l'abbé de Saint-Aubin ne pouvaient manquer de le confirmer dans sa résolution. Elle était secrète encore, mais bien ferme, sans doute, pour n'avoir pas été ébranlée par l'assaut qu'on lui livra bientôt. Ce qu'avait prévu et craint le pieux ecclésiastique arriva ; et le roi, persuadé que celui qui ne s'était pas laissé éblouir, dans sa jeunesse, par la perspective d'une place de secrétaire d'État, ferait un bon évêque, le nomma au siége de Poitiers. Le contrôleur-général, qui connaissait assez la modestie de son fils, et son éloignement pour les dignités ecclésiastiques, écrivit à l'évêque d'Angers pour l'engager à disposer son frère à accueillir cette nouvelle et à entrer dans les vues du roi, qui étaient aussi les siennes. Voici la réponse que l'évêque d'Angers fit à son père :

« Après avoir bien réfléchi sur la dernière lettre dont vous m'avez honoré, et en avoir amplement conféré avec M. Léger, j'ai cru qu'il valait mieux que je parlasse ouvertement à M. l'abbé de Saint-Aubin, pour savoir ses dispositions et vous en rendre ensuite un fidèle compte. J'allai donc hier le trouver au séminaire, où je passai avec lui, seul à seul dans son cabinet, une bonne partie de l'après-midi. Je lui déclarai vos intentions avec les ordres du roi. Il les reçut avec tout le respect qu'il devait, mais sans qu'il parût en lui aucune agitation; il me dit nettement que jamais il n'accepterait un évêché; que son parti était pris; qu'il n'était plus un enfant, et qu'à trente-cinq ans il devait savoir, ou jamais, ce que Dieu demandait de lui; qu'il n'avait pas attendu jusqu'ici à consulter le Seigneur dans ses prières, ses communions, et au saint sacrifice de la messe; que, voyant même votre défiance du côté de Saint-Sulpice, il avait consulté là-dessus d'autres personnes de tous états qui, sur ses raisons, l'avaient confirmé dans son éloignement pour l'épiscopat; qu'au surplus il protestait n'avoir contracté aucun engagement, mais qu'il voulait travailler dans l'Église comme simple prêtre; que vous ne vous étiez pas opposé à ce que mes sœurs suivissent leur vocation en se faisant religieuses à dix-sept et dix-huit ans, et qu'il espérait que vous le laisseriez suivre la sienne à trente-cinq. Je combattis de mon mieux toutes ces raisons. Dans la crainte même qu'il ne fût effrayée du siége de Poitiers, et dans la seule vue de procurer le bien de l'Église en le faisant consentir à être évêque, j'allai jusqu'à lui dire que je me sacrifierais volontiers moi-même pour le bien de l'Église en cette occasion, et que, sous le bon plaisir du roi, je lui abandonnerais Angers, quelque agrément que j'y aie pour le spirituel comme pour le temporel, et que j'irais à Poitiers en sa place; que si, pour le faire évêque, je me soumettais à ce sacrifice, quelque cher qu'il me coutât, il convenait qu'il fît aussi quelque sacrifice de son côté, en se soumettant du moins à être évêque d'Angers ; qu'il lui serait aisé de faire son devoir dans ce diocèse, qu'il connaissait et où il était connu. Tout cela fut inutile. Je dois vous assurer qu'à toutes mes instances je joignis des larmes très-abondantes et très-sincères, mais en vain. Il demeura toujours ferme et dans une tranquillité admirable, malgré mon agitation dont il fut assez témoin, et dont il me témoigna, mais de sang froid, toute la reconnaissance possible. Voilà le récit simple et fidèle de tout ce que j'ai fait pour l'exécution des ordres du roi, et pour vous donner, en cette occasion, comme je ferai en toute autre, des marques sincères de ma soumission. Sur cela vous pouvez mieux qu'aucun autre prendre votre parti pour tourner cette affaire, le plus qu'il se pourra, à la gloire de Dieu et au salut des âmes, et par-là même à votre satisfaction que vous soumettez toujours à ces deux grandsprincipes.»

L'abbé de Saint-Aubin craignant, dans la circonstance, des sollicitations plus impérieuses que celles de son frère, ne négligea rien pour les prévenir. « Vous savez, sans doute, écrivait encore l'évêque d'Angers à son père, toutes les mesures qu'a prises M. l'abbé de Saint-Aubin pour se dispenser d'accepter un évêché. Avant de faire mettre à la poste la lettre que j'eus l'honneur de vous adresser par le dernier ordinaire, j'envoyai encore M. Léger au séminaire pour voir s'il n'y aurait point moyen de fléchir M. l'abbé, et de lui faire changer sa résolution; il s'était caché, et on ne put pas le trouver. J'allai le voir l'après-midi, et il me dit que, bien loin de changer d'avis, il avait écrit au roi, à madame de Maintenon, et à M. le cardinal de Noailles, que la seule chose qui l'affectait, dans cette affaire, c'était de voir la peine qu'elle vous faisait ; mais qu'à cela près, il était très-tranquille. En effet, on ne s'est aperçu de rien dans le séminaire, et il y travaille avec autant d'application et d'assiduité que s'il n'eût été question de rien... Je vous prie d'être persuadé que je n'ai rien épargné pour votre satisfaction. Votre peine, sur ce sujet, m'est toujours présente ; mais adorons les ordres de la Providence, qui sait mieux que nous ce qui nous convient. »

Le cardinal de Noailles, à qui l'abbé de Saint-Aubin avait cru devoir confier, comme à son pasteur, les raisons qui le portaient à refuser l'épiscopat, ne les jugea pas sans répliques, et lui répondit : « Je suis fort édifié, monsieur, de la juste crainte que vous avez de l'épiscopat ; mais c'est par-là même que vous en êtes plus digne, et que tous ceux qui connaissent les règles vous y condamneront... Vous avez sans doute consulté les gens de bien, qui vous ont inspiré le sentiment où vous êtes ; mais quelle autorité ont-ils pour vous décider ? qui leur a donné mission pour cela ? leur avis doit-il être préféré à celui de tant d'autres gens qui ont le caractère pour juger en pareil cas, et qui, par l'état où Dieu les a mis, sont le canal par où il fait connaître sa volonté ? Si vous disiez, monsieur, que l'on vous propose un trop grand diocèse, plus difficile à conduire qu'un autre, et où la réputation de votre vertu, trop austère pour certaines gens, pourrait faire un obstacle au bien, je serais volontiers pour vous, car il serait aisé de vous mettre en lieu où votre zèle aurait assez d'exercice et moins de contradictions ; mais de rejeter, en général, l'épiscopat, et de répondre que c'est la volonté de Dieu, je ne puis en demeurer d'accord. Jamais l'Église n'a eu plus de besoins d'évêques édifians, zélés et capables de faire honneur à un ministère si saint et si important. Ainsi c'est manquer à ce que l'on doit que de ne vouloir pas la servir quand on est jugé digne de le faire par ceux qui en sont présentement les juges naturels. C'est dont uniquement pour le bien de l'Église, à qui vous vous devez tout entier, que je combats votre sentiment. Je prie Dieu de vous faire connaître mieux sa volonté, et de tirer des vertus qu'il vous a données toute la gloire qui lui est due. »

Toujours inébranlable dans sa résolution, l'abbé de Saint-Aubin répond au cardinal de Noailles : « Je n'ai pu dire autre chose, dans les circonstances où la Providence m'a mis, que ce que j'ai dit, et que je prends la liberté de répéter à Votre Éminence, qu'en conscience je ne puis, quoi qu'on puisse faire, accepter un évêché. Il y va de mon salut, pour lequel, grâce au Seigneur, toutes choses au monde et la vie même ne me sont rien. Il me semble que ceux qui me font l'honneur de me croire digne de l'épiscopat ne peuvent plus me presser après cela sans se contredire eux-mêmes, en ne me voulant pas croire en une telle matière. Au reste, ce n'est point une révélation que j'ai eue ; je ne me crois pas digne de telles grâces... Je dois dire aussi, avec vérité, que mes sentimens ne m'ont jamais été suggérés ni inspirés par qui que ce soit ; que j'ai consulté ailleurs qu'à Saint-Sulpice, et que ni M. Tronson ni aucun du séminaire ne m'ont jamais rien dit ni fait pour m'attirer dont je me sois aperçu. Depuis plus de quinze ans, je n'ai pas eu un seul doute, ni balancé pendant un demi-quart d'heure sur ce que je devais faire. Toutes les démarches aussi que j'ai faites en cette occasion, je les ai faites de moi-même, sur des mesures prises depuis long-temps, et sans consulter personne, me trouvant, par l'ordre de la divine Providence, sans conseil, et n'ayant recours qu'à mon Crucifix, persuadé que, lorsque Dieu nous ôte les secours naturels, il est obligé de nous conduire par lui-même, quand nous le lui demandons de cœur et sans aucun intérêt temporel. Dieu m'a inspiré de m'adresser à Sa Majesté, par l'entremise de madame de Maintenon, dont je connais la piété et la charité... Je n'avais garde, monseigneur, d'alléguer à Votre Eminence aucunes raisons particulières par rapport à Poitiers : je n'ai jamais délibéré entre un évêché et un autre ; ma résolution est la même à l'égard de tous ; et toutes les raisons qu'on m'objecte me paraissent faites pour moi, et me confirment dans ma vocation. On me dit, par exemple, que les bons sujets sont rares ; je ne me crois pas tel ; mais, s'ils sont rares, il est donc bien important de travailler à en former. Quand je serais un bon évêque, je ne pourrais jamais donner qu'un bon évêque à l'Église ; et, avec la grâce de Dieu, je contribuerai peut-être, dans ma vocation, à lui en donner plusieurs. Ma seule peine en tout ceci, c'est le chagrin que je puis causer à mon père ; mais je me console en pensant que sa vertu est trop grande pour qu'il puisse avoir quelque ressentiment contraire au christianisme. C'est à Votre Eminence, monseigneur, et j'ose l'en prier, de ménager auprès d'un père très-chrétien le pardon d'un fils qui ne cherche que son salut, et qui ne pourrait, pour quoi que ce soit, changer de sentimens. »

L'évêque d'Angers, qui, de son côté, avait écrit à madame de Maintenon sur cette affaire, en reçut la réponse suivante : « Je vous supplie, monsieur, de m'écrire sans façon, ou je prendrai avec vous toutes sortes de cérémonies. C'est assurément à moi à vous respecter, et je le fais aussi du fond de mon cœur. Le roi est très-édifié de la lettre de M. votre frère. Mais, monsieur, comment peut-il faire de bons choix si les saints refusent ? Et ne charge-t-on pas sa propre conscience et celle de Sa Majesté quand on la nécessité à placer de médiocres sujets? Si les saints étaient en grand nombre, il serait beau, comme vous le dites, de voir de tels exemples d'humilité et de détachement ; mais, étant rares, il s'ensuit qu'il faut faire de mauvais ou de médiocres évêques, quand ceux qui seraient bons ne veulent pas accepter. Je suis très-persuadée que la charge est formidable ; cependant il faut qu'elle soit remplie, et on est né pour le travail. Dieu veuille inspirer tous ceux qui sont dans cette affaire ! M. votre frère m'a fait beaucoup d'honneur en s'adressant à moi, et je vous supplie d'être ma caution auprès de lui, sur l'estime et la considération que j'ai pour sa personne, comme pour la vôtre, dont la vertu m'a toujours sensiblement touchée. »

Les raisons de madame de Maintenon ne parurent pas plus convaincantes à l'abbé de Saint-Aubin que celles du cardinal de Noailles, et rien ne l'ébranla. Cependant cette disposition de son fils contrariait beaucoup l'affection un peu trop humaine de M. Le Peletier, et l'un de ses amis intimes, l'abbé de Saint-Jacques, fils du chancelier d'Aligre, lui exposait son sentiment à ce sujet dans cette lettre pleine de sagesse, et où sont énoncés les motifs les plus propres à modérer ces vœux ambitieux que forment quelquefois, sur l'élévation de leurs enfans, les parens d'ailleurs les plus religieux. « Il me semble, monsieur, que votre expérience et vos méditations sont de bons conseillers pour vous déterminer sur le parti que vous avez à prendre dans l'affaire de M. votre fils de Saint-Aubin. Je vous dirai cependant, avec la liberté que vous paraissez me donner, qu'un père chrétien devant avoir pour objet principal le salut de ses enfans, vous n'avez rien à craindre quand vous voyez qu'ils ne cherchent que Dieu, et qu'ils marchent dans la voie la plus sûre pour leur salut. Vous devez même vous réjouir de les voir renoncer aux grandes dignités pour embrasser un état plus conforme aux anéantissemens de Jésus-Christ, que nous devons toujours regarder comme le modèle de notre vie. Il ne faut donc point vous rendre si fort le maître de la vocation de vos enfans, mais laisser agir l'esprit de Dieu qui leur parle intérieurement, surtout lorsque vous voyez qu'ils marchent par la voie étroite, et que leur choix ne les porte qu'à s'humilier dans le service qu'ils veulent rendre au prochain ; à quoi M. votre fils semble être appelé de Dieu, par le zèle qu'il a toujours eu pour le salut des âmes, dans la communauté où vous craignez qu'il ne ne soit engagé, ou qu'on ne veuille l'engager. Que vous importe, dans le fond, par quelle voie il marche, pourvu que cette voie conduise à la bienheureuse éternité ? Abandonnez-vous à la Providence ; vous ne sauriez mieux marquer votre amour pour Dieu qu'en voulant ce qu'il veut... Tenez-vous en repos dans cette heureuse solitude, dont la Providence semble avoir couronné votre vieillesse ; et, après la retraite extérieure dont vous avez donné un si grand exemple, entrez dans une retraite intérieure qui vous rende indifférent pour tout ce qui vous arrivera de la part de Dieu ou du monde : c'est l'unique moyen de donner à notre âme un repos et une tranquillité qui nous fassent jouir par avance de la béatitude éternelle, qui doit être l'objet de tous nos désirs. Je vous demande pardon, monsieur, si j'ai donné la liberté à ma plume de vous expliquer les affections d'un cœur qui vous aime bien sincèrement, qui n'a pas moins d'affection pour votre salut que pour le sien, et qui offre tous les jours pour vous le saint sacrifice de l'autel... »

L'abbé de Saint-Aubin, tranquille enfin après cette courageuse résistance, se livra sans réserve aux devoirs obscurs, mais bien précieux, sans doute, de l'état qu'il avait embrassé. Il eut l'avantage, qu'il s'était proposé dans sa vocation, d'offrir une multitude de bons ministres à l'Eglise, et, en renonçant à l'épiscopat pour lui-même, il forma plusieurs saints évêques. Élu supérieur-général de la congrégation de Saint-Sulpice, il honora cette place par les talens et les vertus les plus propres à assurer le succès de l'œuvre de Dieu, et sa mémoire est chère à l'Église de France.

C'est ainsi que Sousi, qu'un jeune étudiant prépara, par sa vertu, des vertus de tous les genres, et qu'il fut le principe d'une infinité de biens, qui d'âge en âge se perpétueront parmi nous.

VIE

D'ALEXANDRE BERGIUS.

—◆—

On ne peut exprimer les bontés que Dieu a pour ses élus, lors particulièrement qu'ils sont assez heureux pour conserver leur innocence, et qu'ils joignent une grande sainteté à une grande jeunesse. Il fait ordinairement sentir à ces âmes choisies la tendresse qu'il a pour elles, par les grâces intérieures dont sa miséricorde les prévient; mais on ne trouve guère de personnes sur qui Dieu ait répandu ses dons avec tant d'éclat, et, si je l'ose dire, avec tant de profusion, que sur Alexandre Bercius, dont j'écris la vie. Aussi semble-t-il que la Providence ne l'ait montré au monde que pour donner en lui, à la jeunesse, un parfait modèle des vertus qu'elle doit pratiquer.

Il naquit à Florence, capitale de Toscane, l'an 1593. Il eut pour père Nicolas Bercius, et pour mère Violencia de Médicis, tous deux également recommandables par leur noblesse et par leur piété. La fortune leur avait donné de grandes richesses ; mais Violencia eut le chagrin de perdre son mari, avec presque tous ses biens, quelque temps avant la naissance de Bercius. Cet accident ne fut pas le seul qui fit évanouir la joie qu'elle aurait pu ressentir d'avoir mis un fils au monde ; Dieu lui envoya une très-rude maladie, afin de la détacher entièrement de toutes les choses du siècle. Se sentant donc pressée par de puissans mouvemens de la grâce, elle prit la résolution de se donner tout à Dieu, d'élever son fils avec un soin extrême, et de jeter de bonne heure en son âme les semences de la plus haute vertu, afin qu'il pût correspondre un jour aux saintes vues qu'elle avait sur lui. Dans ce pieux dessein, elle commença par l'offrir au Seigneur, qui fit bientôt connaître que cette offrande lui avait été agréable.

Une personne d'éminente sainteté eut une révélation dans laquelle la sainte Vierge lui ordonna de dire à Violencia, sa parente, qu'elle ne différât plus à mettre en Dieu toute son espérance, puisqu'elle lui avait déjà consacré si généreusement son fils, à qui elle donnait une protection toute particulière.

Les premières années du petit Alexandre répondirent aux heureux commencemens de sa vie. A peine put-il remuer la main qu'il sembla n'avoir d'empressement que pour apprendre à faire le signe de la croix. Il le formait sans cesse sur lui-même ; et les premières paroles qui sortirent de sa bouche furent les saints noms de Jésus, de Marie, qu'il prenait un extrême plaisir à prononcer. Il n'avait pas plus de cinq ans quand il commença à goûter l'usage de la prière, donnant par-là des preuves de la sainteté à laquelle Dieu l'avait destiné. Il cherchait à s'entretenir avec sa mère des choses spirituelles, et ses yeux marquaient assez combien son âme était pénétrée de ces saints discours.

Ensuite il allait à l'écart s'entretenir avec Dieu même dans l'oraison, d'où il sortait souvent tout embrasé d'un feu divin qui paraissait sur son visage. Sa tendre dévotion était surtout excitée par le douloureux mystère de la passion, et quelquefois il parcourait la maison, tenant un crucifix, le portant dévotement sur son cœur, l'embrassant, lui parlant amoureusement, et l'arrosant de ses pleurs.

Une piété si fervente était accompagnée d'une candeur pleine de modestie et d'une bonne grâce qui attirait sur lui les yeux et l'admiration de tout le monde ; tous ceux qui le fréquentaient étaient charmés de la douceur de son visage et de je ne sais quel air d'honnêteté qui se mêlait dans toutes ses actions. Quand il allait par la ville, on s'arrêtait pour le considérer ; et une personne de distinction fut un jour tellement frappée de sa beauté qu'elle ne put s'empêcher de s'écrier : O le bel enfant ! Bercius l'entendit, et lui fit connaître par sa rougeur combien cette louange lui déplaisait. Tant de rares qualités le faisaient également aimer et respecter de tout le monde ; et Dieu, par une faveur singulière, lui avait donné une si grande autorité que personne n'osait dire aucune parole libre en sa présence.

Afin de le conserver parmi les occasions dangereuses qui environnent la jeunesse, le Saint-Esprit lui inspira un grand amour pour la mortification. Il s'y sentait excité par le souvenir continuel des douleurs de Jésus-Christ, n'ayant rien tant à cœur que de travailler sans relâche à se rendre semblable à ce divin modèle. Ce fut pour cela qu'il demanda un cilice à quelque personne de confiance ; mais le petit saint, le trouvant peu propre à exercer sur son corps autant de rigueur qu'il aurait voulu, en demanda un plus rude au confesseur de sa mère, qui, ayant loué la ferveur de Bercius, lui remontra qu'il fallait changer cette pénitence en d'autres plus conformes à la délicatesse de son âge ; à quoi le saint enfant se soumit sans réplique. Il obéissait à sa mère avec la même exactitude. Elle disait qu'il ne lui avait jamais marqué la moindre répugnance en tout ce qu'elle lui commandait, quoiqu'elle prît souvent plaisir de l'éprouver en des choses contraires à ses inclinations.

Quand il eut atteint l'âge de sept ans, il commença à étudier la langue latine dans le collège de la compagnie de Jésus. L'application qu'il y apporta, jointe à la vivacité de son esprit, le mit bientôt au-dessus de tous ses compagnons. Il sut néanmoins se comporter avec tant de sagesse que ni la fréquentation des autres écoliers, ni le soin de ses études, ne refroidirent l'ardeur avec laquelle il tendait à la perfection. Plus il semblait que les occupations extérieures devaient le dissiper, plus il s'animait intérieurement à l'amour de la vertu ; il employait à la prière et à la lecture des bons livres tout le temps qui lui restait après l'étude. Ses entretiens étaient toujours accompagnés d'une extrême discrétion, et roulaient ordinairement sur les choses saintes. Quand il allait à la campagne, tout son divertissement était de répéter les cantiques spirituels qu'il avait appris au catéchisme, et il les chantait avec un singulier plaisir. Il avait, dès ce temps-là, choisi quelques saints qu'il regardait comme ses protecteurs particuliers : saint Jean l'évangéliste, à qui l'église du collége était consacrée, saint François d'Assise, saint Ignace de Loyola, le bienheureux Louis de Gonzague et son ange gardien étaient ceux pour lesquels il avait le plus de dévotion. Il était si exact à leur payer les petits tributs auxquels il s'était engagé qu'ayant une fois oublié de s'en acquitter, il s'en affligea jusqu'aux larmes.

Il ne faut pas s'étonner qu'il fût si ponctuel à honorer ces saints, particulièrement son ange gardien, puisqu'il en recevait des grâces extraordinaires, ayant même assez souvent l'avantage de le voir sous une forme sensible, et de s'entretenir familièrement avec lui.

Il était facile de juger que, si Alexandre vivait assez long-temps, une si sainte conduite et l'ardent désir qu'il avait de se donner à Dieu sans réserve ne manqueraient pas de le mener à l'état religieux. Il avait déjà jeté les yeux sur la compagnie de Jésus, et il sentait pour elle une inclination particulière : il est vrai qu'il avait, dès sa plus tendre enfance, reçu de sa mère des impressions très-favorables pour cet ordre, surtout ayant appris qu'on y fait profession de travailler au salut des âmes, de défendre la religion contre les hérétiques, et de porter la foi dans les pays les plus éloignés et les plus barbares.

Ce saint désir s'augmentant tous les jours, il trouva à propos de le découvrir à son confesseur : il le fit avec beaucoup de prudence, et cette déclaration fut suivie de toutes les instances possibles pour être reçu à l'heure même. Il en parla plusieurs fois au Père Mucio Viselleschi, qui fut ensuite général de l'ordre, et qui alors était provincial de Toscane. Il lui exposa, avec autant d'ardeur que de sagesse, les fortes inspirations qu'il avait de se consacrer à Dieu dans sa compagnie ; il obtint enfin de lui la promesse d'être admis quand il serait en âge. Il n'avait pas alors plus de neuf ans, et la longueur du terme que l'on marquait le jetait dans une extrême désolation. Le temps qu'il devait passer, avant que d'avoir atteint l'âge de quinze ans, lui paraissait un siècle. Ne pouvant donc modérer le zèle qui le pressait à cet égard, il renouvelait souvent ses poursuites, et, pour obtenir l'accomplissement de son désir, il se servait de cent petites industries, qui portaient, à la vérité, le caractère de l'enfance, mais où l'on voyait briller je ne sais quoi d'extraordinaire, d'où l'on découvrait aisément l'esprit de Dieu qui le gouvernait. Il entrait souvent dans la sacristie, et il protestait qu'il n'en sortirait pas qu'on ne l'eût reçu. On eût dit, à le voir agir de la sorte, qu'il eût connu ce qui lui devait arriver, et que le ciel, qui semblait l'envier à la terre, lui eût donné quelque pressentiment qu'il serait bientôt enlevé du monde, sans jouir des avantages de la vie religieuse, s'il ne se hâtait de l'embrasser.

Etant dans cette sainte disposition, il sut qu'un des Pères du collége devait partir pour Rome; il alla le trouver, et le pria de souffrir qu'il se joignît à lui dans ce voyage. Son dessein était d'aller demander dispense au Père général. En effet, il ne manqua point de revenir le lendemain de grand matin, tout disposé à se mettre en chemin. Le Père, pour le consoler, lui dit qu'il le mènerait volontiers, mais qu'il était à propos d'avoir l'agrément de sa mère, qui, ayant les mêmes désirs que son fils, n'aurait pas de peine à le lui accorder. Cependant on donna avis à cette sainte dame de ce qui se passait, et elle vint aussitôt dans l'église du collége avec une joie extrême de voir la ferveur de Bercius. Elle le fit appeler, et, les yeux tout baignés de larmes, elle lui dit que, puisqu'il était résolu à partir, il fallait du moins qu'il allât prendre congé de ceux de sa maison : mais, voyant que ni les prières ni les pleurs n'avaient point la force de le toucher, elle prit, pour mieux éprouver sa constance, un air plus sévère, et elle lui ordonna d'un ton de voix impérieux et menaçant de faire ce qu'elle lui commandait. Ce fut une chose merveilleuse de voir Alexandre opposer une ferme résistance aux pleurs et aux menaces de sa mère, lui dont la soumission pour elle était d'ailleurs si parfaite qu'il ne manquait jamais de lui obéir au moindre signe de sa volonté. Quelque chose qu'elle pût faire en cette rencontre, il demeura toujours inébranlable, et à tout ce qu'on lui disait il répondit, avec un courage beaucoup au dessus de son âge, que, n'ignorant pas ce qu'il devait à Dieu qui l'appelait, rien au monde ne serait capable de lui faire quitter une vocation si sainte, ni même d'en différer l'exécution. De telles réponses eussent extrêmement affligé une mère qui n'eût pas été dans la disposition où était celle de Bercius ; mais, comme c'était elle-même qui lui avait inspiré ces généreux sentimens, elle en fut comblée de consolation ; il ne lui fut pas possible de dissimuler plus long-temps. Elle l'embrassa tendrement, en lui accordant, avec beaucoup de plaisir, la permission de faire ce qu'il voudrait, et elle l'offrit tout de nouveau à Dieu, comme elle avait fait quand il vint au monde.

Alexandre demeura au collége, et dîna ce jour-là avec les Pères. On ne peut exprimer combien il les édifia tous par sa modestie et par la ferveur avec laquelle il s'exprima sur la vanité du monde, sur le néant des biens terrestres et sur le bonheur de l'état religieux. Il y en eut même plusieurs qui ne purent retenir leurs larmes, voyant l'abondance de la grâce divine qui éclatait en cet enfant. On donna ordre cependant au Père de partir sans qu'Alexandre s'en aperçût; mais, quand il apprit que son attente était ainsi trompée, la tristesse qu'il en conçut fut égale à la joie qu'il avait ressentie, et toutes les caresses de sa mère, non plus que les espérances que les Pères Jésuites lui donnaient de voir bientôt ses vœux accomplis, ne furent capables de l'apaiser.

Il semble que, depuis ce temps-là, Dieu redoubla les dons précieux dont il prenait plaisir d'enrichir cette belle âme. Bercius croissait beaucoup plus en sainteté qu'il ne croissait en âge. Surtout il s'appliquait tellement à la prière qu'on ne pouvait, sans lui faire violence, le tirer de l'oratoire ou de l'église; toujours occupé de la présence de Dieu, il s'imaginait tantôt être devant le trône de sa gloire, tantôt parmi les chœurs des saints, et tantôt dans la compagnie de tous les bienheureux : pensées qui, lui restant encore pendant le sommeil, lui faisaient pousser sans cesse de tendres soupirs vers le ciel.

La Congrégation où il fut reçu alors lui fournit une nouvelle occasion de signaler la dévotion qu'il avait pour la sainte Vierge. Il surpassait tous les autres congréganistes en ferveur et en assiduité ; il s'acquittait de tous les devoirs avec la plus édifiante piété ; il gardait très-ponctuellement toutes les règles de la Congrégation.

En ce temps-là, il fut saisi d'une fièvre très-violente. La manière dont il la souffrit fit bien voir que sa vertu, dans un âge si tendre, était une vertu solide et à l'épreuve. On eût dit, à voir la paix qui paraissait sur son visage, que les douleurs de la maladie, les incommodités du lit, l'amertume des remèdes, lui donnaient plus de joie que de peines. Si une telle patience était un si grand sujet d'admiration, la conduite qu'il tenait à l'égard de ceux qui venaient lui rendre visite était aussi un grand sujet d'édification. Il pria ses parens et ses amis de ne l'entretenir que des souffrances de notre Seigneur : aussi arriva-t-il par-là à un degré si éminent de patience qu'il paraissait insensible aux douleurs les plus aiguës. « O mon Jésus! s'écriait-il alors, hélas ! ce que votre miséricorde vous a fait souffrir sur la croix était bien autre chose que tout ce que je souffre ici. »

L'impuissance où il se voyait d'aller, selon sa coutume, visiter le Saint-Sacrement, lui causait beaucoup de déplaisir ; il le communiqua à son confesseur, et lui demanda la permission de faire sa première communion, que son peu d'âge et son humilité avaient retardée jusqu'alors. Le Père y consentit d'abord ; mais ensuite il crut qu'il valait mieux rompre ce dessein, pour l'éprouver davantage, et pour exciter en lui de plus grands désirs de cette nourriture des anges. Quelque déférence qu'eût Alexandre pour tout ce que son confesseur décidait, ce refus le pénétra si vivement qu'il ne put s'empêcher d'en pleurer, et de prier une seconde fois qu'on lui accordât cette faveur : instance qui parut fort extraordinaire dans un enfant dont on a déjà dit plus d'une fois que l'obéissance était sans réplique ; mais on ne devait pas attendre autre chose du zèle ardent dont il était embrasé. Ayant enfin obtenu ce qu'il souhaitait avec tant de passion, emporté d'une sainte allégresse, il dit au Père qu'une des choses qu'il désirait le plus dans la vie était de parvenir au sacerdoce, afin de jouir du bonheur qu'ont les prêtres de se nourrir tous les jours de ce pain céleste.

Tout cela fait assez juger de l'extrême préparation qu'il apporta à sa communion, de la singulière ferveur dont il accompagna cette action sainte, et des consolations divines dont il y fut comblé. Elles furent si abondantes qu'il ne pouvait les contenir au-dedans de lui-même ; elles éclataient au-dehors par les plus affectueux élans. Quelque violente que fût sa fièvre, on lui voyait un air de gaîté bien plus convenable à une personne qui goûte de pures délices qu'à celle qui souffre de cuisantes douleurs ; et quelqu'un lui ayant alors demandé d'où pouvait venir ce contentement extraordinaire qui paraissait sur son visage : « Hélas ! répondit-il, comment ne serais-je pas joyeux, ayant Jésus dans mon cœur, et Notre-Dame devant moi, pour me consoler ? »

Le fruit qu'il tira de cette maladie ne se borna pas aux mérites que lui acquit la patience, il s'étendit sur tout le reste de sa vie ; car, considérant que Dieu ne nous envoie des infirmités que pour nous avertir de corriger nos défauts, il recommença à examiner toute sa vie, pour découvrir ce qu'il y avait à réformer. Mais la pureté de sa conscience était telle qu'il ne trouva rien à se reprocher, sinon quelques parures ordinaires aux enfans de sa qualité, mais qu'il résolut de quitter absolument, comme il fit, pour toujours. Enfin il plut à Dieu de rendre à Bercius la santé avec les forces, et de le mettre dans le même état où il était auparavant pour le corps, mais dans un état bien plus avantageux pour l'âme. Cela parut manifestement la seconde fois qu'il communia. Ce fut le jour de la Purification de la sainte Vierge. Comme il s'y était disposé avec de nouveaux soins, il y reçut aussi de nouvelle faveurs. On assure même que notre Seigneur lui fit sentir sa présence dans ce mystère d'une façon miraculeuse; et son âme en demeura si pénétrée que ses yeux devinrent deux sources de larmes qu'il ne pouvait arrêter. Les grâces dont Dieu le comblait alors ne lui avaient pas seulement inspiré une dévotion très-tendre pour la sainte Eucharistie, mais un respect tout particulier pour le lieu où il avait coutume de la recevoir. Il avait toutes les peines du monde à s'en retirer, et, dans les fréquentes visites qu'il rendait à notre Seigneur pendant la journée, on remarquait qu'il allait toujours se mettre sur les degrés où il communiait ordinairement. Il s'y tenait dans une posture si modeste et si recueillie qu'il se faisait admirer de tout le monde; aussi l'appelait-on *le petit serviteur du Saint-Sacrement*, et il n'y avait point de nom sous lequel il fût plus connu que sous celui-là.

Comme il se sentait né pour la compagnie de Jésus, voulant, autant que son âge et ses études le permettaient, joindre l'action à la contemplation, selon l'esprit de cet ordre, il quittait quelquefois Dieu pour Dieu, et il abandonnait les délices qu'il trouvait dans la prière, pour s'appliquer aux œuvres de miséricorde. On le voyait souvent dans les prisons et dans les hôpitaux, où il assistait les nécessiteux, servait les malades, et donnait à tous ses compagnons un rare exemple d'humilité et de charité, après quoi, étant de retour à la maison, il assemblait tous les domestiques, leur répétait les exhortations qu'il avait entendues, et les engageait ensuite à réciter les litanies de la sainte Vierge et à pratiquer d'autres bonnes œuvres ; faisant éclater en tout cela tant de ferveur et de dévotion que tous ceux qui étaient présens en étaient extrêmement touchés.

La réputation de sainteté qu'Alexandre s'était acquise était si grande que les dames de Florence de la première qualité venaient à l'envi le visiter pour jouir de son entretien toujours édifiant. La bienheureuse Magdeleine de Pazzi, qui vivait alors, trouvait beaucoup de consolation à parler avec lui des choses célestes. Elle ne pouvait assez admirer, dans un âge si peu avancé, des connaissances si sublimes, et elle avait coutume de l'appeler l'*Ange de la terre*, et de lui demander l'assistance de ses prières auprès de Dieu. Une vénération si universelle était appuyée sur la pensée dont chacun était prévenu, que Dieu avait fait plusieurs miracles et accordé plusieurs faveurs particulières à beaucoup de personnes par l'intercession d'Alexandre.

Mais la terre n'était pas digne de posséder longtemps un si grand trésor. Le ciel semblait être le lieu naturel d'un enfant qui menait une vie tout angélique. En effet, Dieu l'enleva bientôt du monde, pour l'attacher à jamais à la suite de l'Agneau.

Voici comme la chose arriva. Au mois d'avril de l'année 1608, il se sentit un grand mal de poitrine avec un extrême dégoût, et une fièvre très-violente. Pour surcroît de douleur, il se rompit, presque en même temps, une veine, ce qui lui fit jeter une grande abondance de sang par la bouche, et le réduisit en peu de jours aux dernières extrémités. Cet accident mit toute la maison dans une grande consternation, et l'on n'entendit de tous côtés que gémissemens, quand on le vit désespéré des médecins. Néanmoins Dieu permit que la fièvre diminuât un peu, afin de donner lieu à ce pieux enfant de faire briller davantage ses vertus pendant tout le cours de sa maladie.

La première chose qu'il fit, se voyant dans ce péril, fut une confession générale, mais avec des marques de pénitence et de dévotion qui surpassèrent toutes celles qu'il avait données jusqu'alors.

Les rudes incommodités de sa maladie ne purent jamais lui rien faire retrancher de ses exercices de piété. Il se faisait lire de temps en temps quelques livres spirituels, et priait qu'on lui parlât de Dieu. Il tirait de là de très-grandes consolations, et recevait souvent des visites du ciel, qui remplissaient son âme de douceurs ineffables. Sa mère, le voyant un jour dans une tranquillité extraordinaire, s'approcha de lui pour lui demander ce qu'il avait, et s'il voulait dormir; il lui répondit qu'il pensait à la gloire que Dieu prépare à ses élus, et qu'il espérait que sa miséricorde l'en ferait bientôt participant; il s'en exprima avec des termes si vifs et si animés qu'on eut lieu de croire qu'éclairé d'une lumière surnaturelle, il avait quelque avant-goût de cette béatitude souveraine. Un moment après, jetant les yeux sur un crucifix, il lui parla en ces termes : « O bon Jésus, je m'étais dévoué à vous servir toute ma vie dans votre compagnie; mais, puisqu'il ne vous a pas plu que j'accomplisse ce dessein, ayez du moins la bonté d'accepter ma bonne volonté. Oui, mon Sauveur, je serai à vous pendant toute l'éternité. »

Il y avait toujours dans sa chambre un concours extraordinaire de gens de qualité, qui ne venaient pas tant pour lui rendre visite que pour s'édifier de ses saints discours. On y voyait aussi entrer en foule ses amis, ses compagnons et plusieurs autres personnes attirées par le désir de voir ce petit saint et avoir part à ses avis salutaires. Un enfant, entre autres, qui était son compagnon et son parent, vint le voir : Bercius l'ayant fait approcher de son lit, et l'ayant pris par la main : « Hélas ! cher ami, lui dit-il, vous voyez combien l'on doit peu compter sur cette vie si trompeuse et si courte; me voici près de mourir dans la fleur de l'âge, où il semble que la mort est moins à craindre. J'avais autant de santé que vous : qui aurait cru que la maladie m'eût réduit à cette extrémité ? Songez que la même chose peut vous arriver, et que tous les avantages du temps ne vous serviront de rien aux approches de l'éternité. De tout ce qui est ici-bas, je ne vois rien qui me console à présent, sinon le souvenir de la miséricorde divine et de ma conscience. Je vous conjure, par l'amour que nous avons l'un pour l'autre, de continuer toujours à vivre d'une manière innocente et sans reproche. Je tâcherai d'y concourir, en me souvenant de vous au ciel qui m'appelle. Si je suis exaucé, vous en recevrez de puissantes grâces pour votre salut : travaillez-y comme à votre unique affaire le reste de vos jours ; animez-y tous nos amis en les saluant de ma part, et assurez-les que je pars de ce monde avec beaucoup de satisfaction, me confiant en la bonté de Dieu et au secours de leurs prières. J'ai beaucoup de regret des chagrins que j'ai pu leur donner, et je souhaiterais de tout mon cœur les voir tous ici, pour leur en demander pardon ; mais je vous prie de vouloir bien le faire pour moi. »

Ce fut dans ces sortes d'actions qu'il passa les vingt jours que dura sa maladie. On le veilla pendant tout ce temps, de peur que la mort ne le surprît lorsqu'on s'y attendrait le moins. Mais, comme apparemment il avait connu, par quelque avis d'en haut, le jour et l'heure de son trépas, il demeura toujours sans appréhension et dans une extrême tranquillité. Il découvrit, dès le commencement de son mal, ce pressentiment à un de ses compagnons, en lui disant : « Ma mère songe à m'envoyer à Rome pour y étudier quand je serai guéri ; mais je sais bien où je dois aller. Ma maladie me conduira à une autre ville bien plus sainte et bien plus belle que celle-là. » Ensuite, voyant un Père Jésuite, qui était presque toujours demeuré auprès de lui, et qui avait peine à le quitter, de crainte qu'il ne mourût pendant son absence, il lui dit : « Mon Père, n'appréhendez point de sortir ; allez dire la messe, et ayez la bonté de me recommander à notre Seineur et à la sainte Vierge : je vous assure que je ne mourrai point avant votre retour ; je vous prie seulement de revenir ce soir. » Le Père revint, et passa une grande partie de la nuit avec lui ; et, comme Alexandre paraissait se mieux porter, ce religieux lui témoigna qu'il jugeait à propos de s'aller reposer ; mais le saint enfant lui dit : « Ah ! mon Père, ce n'en est pas le temps. je vous prie, ne m'abandonnez pas dans ce moment, qui va décider de mon éternité. »

Alexandre sentait la dernière heure s'approcher, et l'unique chose qui lui faisait de la peine, c'était qu'il mourait sans être de la compagnie de Jésus, après laquelle il avait tant soupiré. Pour apporter quelque consolation à sa douleur, et pour se rendre, après sa mort, participant d'un bien qu'il n'avait pu obtenir pendant sa vie, il appela sa mère, et lui parla de cette sorte en présence de quelques Pères Jésuites : « Vous savez, madame, que non-seulement avec votre consentement, mais même par votre conseil, je m'étais engagé à servir notre Seigneur dans sa sainte compagnie ; je n'ai pas été assez heureux pour avoir cet avantage, dont mes péchés m'ont rendu indigne : je vous prie instamment de ne point souffrir qu'on m'enterre autre part que dans l'église des Pères Jésuites. » Une si pieuse demande surprit d'autant plus sa mère qu'elle s'y attendait moins, et que même elle avait dessein d'en disposer autrement. Mais les Pères, de leur côté, eurent une extrême joie de voir que ce glorieux dépôt leur fût destiné.

Cependant le malade, favorisé de lumières toutes divines, où l'on assure même que Jésus et Marie lui apparurent, se disposait de plus en plus au dernier passage. Les auteurs de sa vie ajoutent que le démon employa des illusions pour jeter le trouble dans son âme innocente ; mais, muni de l'extrême-onction, des saintes reliques qui l'environnaient, et surtout du crucifix qu'il tenait et baisait sans cesse, aussitôt il dissipa les prestiges de cet ennemi du salut ; ensuite on le vit transporté hors de lui-même, avec un visage tout angélique, et respirant je ne sais quoi de divin. Sa mère l'éveilla du profond assoupissement où il était, et lui dit : « Pourquoi, mon cher Alexandre, avez vous été si long-temps sans nous parler ? — Hélas ! ma mère, répondit-il, je contemple les doux objets de mon âme, Jésus et Marie, que j'espère bientôt posséder dans le paradis. » A peine eut-il achevé ces paroles que son extase recommença.

Enfin, dans les mouvemens d'amour de Dieu les plus sublimes, après avoir reçu tous les sacremens, ce petit ange quitta la terre pour aller au ciel, sa véritable patrie, sur la fin du mois d'avril de l'année 1608, vers les six heures et demie du soir, âgé de quatorze ans et huit mois. On peut dire que les grands efforts qu'il fit pour arriver à la plus grande perfection et la pureté la plus sublime causèrent sa maladie et sa mort. Les Pères de la compagnie de Jésus l'assistèrent dans ce moment comme leur frère, et sa mère, dans le sentiment d'une affection également forte et pleine de piété, lui ferma les yeux.

Dieu ne tarda guère à récompenser la constance avec laquelle cette généreuse dame lui avait donné son fils. Entre toutes les bénédictions particulières dont elle fut gratifiée, elle eut la consolation de voir qu'on avait conçu une si haute opinion de la sainteté du défunt que tout le monde accourait en foule pour le voir et pour le révérer. Le concours fut tel qu'on ne se souvenait point d'en avoir jamais vu de plus grand, quoique la mémoire de celui qui s'était fait à la translation de saint Antonin fût encore assez récente.

Il n'y avait personne qui ne voulût avoir de ses reliques, ou du moins quelque chose qui l'eût touché. On prenait les fleurs qu'on avait répandues sur lui, on coupait ses cheveux et ses habits, et on serait même allé plus loin, si l'on n'eût retiré son corps dans la sacristie.

Il arriva un prodige qui fut comme le présage des grandes merveilles que Dieu opéra dans la suite, et qui, étant public, causa bien de l'étonnement. Quand le convoi entra dans l'église du collége, comme si ce saint corps eût reçu quelque subite impression du lieu sacré qu'Alexandre fréquentait si fort pendant sa vie, son visage qui était auparavant tout défait, et n'ayant que les tristes marques de la mort, reprit à l'instant des couleurs si vives, un teint si frais, un air si doux et si ravissant, que l'on croyait voir l'image de la gloire dont son âme jouissait. Chacun jugea qu'il fallait laisser à la postérité le souvenir d'un tel prodige. On en fit tirer le portrait par un habile peintre, et il fut attaché auprès du tombeau de Bercius, dans une des chapelles de la Croisée. Il serait difficile d'exprimer avec combien de dévotion tout le monde y accourait pour implorer son assistance. Les miracles que Dieu fit en très-peu de temps par son intercession furent en si grand nombre que l'on jugea à propos, avec la permission de l'archevêque, de lui faire un sépulcre de pierre plus décent dans la même chapelle. Depuis, la vénération pour Bercius s'augmenta beaucoup, et son tombeau fut encore plus visité qu'auparavant, particulièrement par les écoliers, qui s'empressaient de venir lui rendre honneur en toutes façons. Sa mémoire se renouvelle encore chaque année, dans la même église, par des pièces de poésie et des harangues pour célébrer son bienheureux trépas ; et cela entretient si bien la haute estime qu'on a de sa sainteté que ceux qui élèvent la jeunesse, à Florence, n'ont guère de moyen plus puissant, pour persuader la piété, que de proposer l'exemple de cet admirable enfant.

FIN.

LIMOGES.—IMPRIMERIE DE BARBOU FRÈRES.

ON TROUVE

A LA MÊME LIBRAIRIE :

Abrégé de la Vie des Philosophes de l'Antiquité.
Adélaïde de Wistbury.
Arthur et Marie.
Discours sur l'Histoire Universelle, 2 vol.
École (l') des Jeunes Demoiselles.
Émile, ou le jeune Esclave Algérien.
Ferdinand, ou le Pêcheur Breton.
Gloires (les) de l'Église Naissante.
Histoire de saint Paul.
Histoire de Stanislas Ier.
Histoire de Théodose-le-Grand.
Histoires Édifiantes et Curieuses.
Madeleine, ou la jeune Montagnarde.
Modèle (le) des Jeunes Gens.
Précepteur (le) de l'Enfance Chrétienne.
Vie de saint Louis de Gonzague.
Vie de saint Stanislas de Kostka.
Vie de saint Vincent de Paul.
Vie du comte Louis de Sales.

www.ingramcontent.com/pod-product-compliance
Lightning Source LLC
Chambersburg PA
CBHW071421150426
43191CB00008B/998